독자의 1초를 아껴주는 정성!

KB078142

세상이 아무리 바~~쁘게 돌아가더라도~~

책까지 아무렇게나 빨리 만들 수는 없습니다.

인스턴트 식품 같은 책보다는

오래 익힌 술이나 장맛이 밴 책을 만들고 싶습니다.

길벗이지톡은 독자여러분이 우리를 믿는다고 할 때 가장 행복합니다.

나를 아껴주는 어학도서, 길벗이지톡의 책을 만나보십시오.

독자의 1초를 아껴주는 정성을 만나보십시오.

미리 책을 읽고 따라해본 2만 베타테스터 여러분과 무따기 체험단, 길벗스쿨 엄마 2% 기획단,

시나공 평가단, 토익 배틀, 대학생 기자단까지!

믿을 수 있는 책을 함께 만들어주신 독자 여러분께 감사드립니다.

(주)도서출판 길벗 www.gilbut.co.kr

길벗 이지톡 www.gilbut.co.kr

길벗 스쿨 www.gilbutschool.co.kr

학습 진도표

1과 ─────	2과 ─────	3과 ─────	4과 ─────	5과 ─────
안녕!	고마워.	미안해.	잘 지내?	잘 가!
유튜브 강의 ☐ 본책 ☐ 문제로 확인하기 ☐	유튜브 강의 ☐ 본책 ☐ 문제로 확인하기 ☐	유튜브 강의 ☐ 본책 ☐ 문제로 확인하기 ☐	유튜브 강의 ☐ 본책 ☐ 문제로 확인하기 ☐	유튜브 강의 ☐ 본책 ☐ 문제로 확인하기 ☐
쉬어가기 독일어로 예, 아니오 말하기	6과 ───── 나는 에밀리야.	7과 ───── 나는 배고파.	8과 ───── 나는 숙제를 해.	9과 ───── 나는 감자튀김을 먹어.
본책 ☐	유튜브 강의 ☐ 본책 ☐ 문제로 확인하기 ☐	유튜브 강의 ☐ 본책 ☐ 문제로 확인하기 ☐	유튜브 강의 ☐ 본책 ☐ 문제로 확인하기 ☐	유튜브 강의 ☐ 본책 ☐ 문제로 확인하기 ☐
10과 ───── 나는 맥주를 마셔.	11과 ───── 나는 축구를 봐.	12과 ───── 나는 수영하러 가.	13과 ───── 나는 고양이를 좋아해.	14과 ───── 나는 파티를 하고 싶어.
유튜브 강의 ☐ 본책 ☐ 문제로 확인하기 ☐	유튜브 강의 ☐ 본책 ☐ 문제로 확인하기 ☐	유튜브 강의 ☐ 본책 ☐ 문제로 확인하기 ☐	유튜브 강의 ☐ 본책 ☐ 문제로 확인하기 ☐	유튜브 강의 ☐ 본책 ☐ 문제로 확인하기 ☐
15과 ───── 나는 운전 할 수 있어.	16과 ───── 나는 공부 해야 해.	**쉬어가기** 접속사로 문장력 업그레이드	17과 ───── 네가 파울이야?	18과 ───── 너 시간 있어?
유튜브 강의 ☐ 본책 ☐ 문제로 확인하기 ☐	유튜브 강의 ☐ 본책 ☐ 문제로 확인하기 ☐	본책 ☐	유튜브 강의 ☐ 본책 ☐ 문제로 확인하기 ☐	유튜브 강의 ☐ 본책 ☐ 문제로 확인하기 ☐

전체 진도표를 참고하여 나만의 10시간 플랜을 짜보세요.
아래 표는 이 책의 유튜브 강의를 기준으로 나누었습니다.

19과	20과	21과	22과	23과
너 운동해?	너 고기 먹어?	너 술 안 마셔?	너 드라마 봐?	너 집에 가?
유튜브 강의 ☐ 본책 ☐ 문제로 확인하기 ☐	유튜브 강의 ☐ 본책 ☐ 문제로 확인하기 ☐	유튜브 강의 ☐ 본책 ☐ 문제로 확인하기 ☐	유튜브 강의 ☐ 본책 ☐ 문제로 확인하기 ☐	유튜브 강의 ☐ 본책 ☐ 문제로 확인하기 ☐
24과	25과	26과	27과	쉬어가기
너 떡볶이 좋아해?	너 뭐 하고 싶어?	너 기타 칠 수 있어?	너 내일 일찍 일어나야 해?	독일어 회화 빨리 느는 법
유튜브 강의 ☐ 본책 ☐ 문제로 확인하기 ☐	유튜브 강의 ☐ 본책 ☐ 문제로 확인하기 ☐	유튜브 강의 ☐ 본책 ☐ 문제로 확인하기 ☐	유튜브 강의 ☐ 본책 ☐ 문제로 확인하기 ☐	본책 ☐
28과	29과	30과	31과	32과
맥주 하나 주세요.	여기 와이파이 있나요?	약국을 찾고 있어요.	화장실은 어디인가요?	비싸네요.
유튜브 강의 ☐ 본책 ☐ 문제로 확인하기 ☐	유튜브 강의 ☐ 본책 ☐ 문제로 확인하기 ☐	유튜브 강의 ☐ 본책 ☐ 문제로 확인하기 ☐	유튜브 강의 ☐ 본책 ☐ 문제로 확인하기 ☐	유튜브 강의 ☐ 본책 ☐ 문제로 확인하기 ☐
33과	쉬어가기	부록	부록	부록
도와주실 수 있나요?	지속 가능한 독일어 공부	알파벳과 발음 클리닉	강세와 장단음	숫자 익히기
유튜브 강의 ☐ 본책 ☐ 문제로 확인하기 ☐	본책 ☐	유튜브 강의 ☐ 본책 ☐	본책 ☐ 문제로 확인하기 ☐	본책 ☐ 문제로 확인하기 ☐

독일어 공부,
함께 시작해요!

내 눈높이에 딱! 가장 쉽고 빠르게 기초 독일어를 끝낸다!

에밀리의

10시간
독일어
첫걸음

에밀리(임은선) 지음

에밀리의 10시간 독일어 첫걸음

10 hours German Conversation

초판 발행 · 2023년 7월 30일
초판 2쇄 발행 · 2023년 11월 10일

지은이 · 임은선(에밀리)
발행인 · 이종원
발행처 · (주)도서출판 길벗
브랜드 · 길벗이지톡
출판사 등록일 · 1990년 12월 24일
주소 · 서울시 마포구 월드컵로 10길 56(서교동)
대표 전화 · 02)332-0931 | **팩스** · 02)323-0586
홈페이지 · www.gilbut.co.kr | **이메일** · eztok@gilbut.co.kr

기획 및 책임편집 · 박정현(bonbon@gilbut.co.kr) | **표지 디자인** · 최주연 | **제작** · 이준호, 이진혁, 김우식
마케팅 · 이수미, 최소영, 장봉석 | **영업관리** · 김명자, 심선숙 | **독자지원** · 윤정아, 최희창

교정교열 · 정민애 | **독일어 감수** · 오은진 | **전산편집** · 조영라 | **본문 디자인** · 박수연 | **일러스트** · 정윤성
녹음 및 편집 · 와이알미디어 | **CTP 출력 및 인쇄** · 예림인쇄 | **제본** · 예림바인딩

ISBN 979-11-407-0401-9 03750
(길벗 도서번호 301146)

정가 20,000원

독자의 1초까지 아껴주는 정성, 길벗출판사
(주)도서출판 길벗 | IT실용, IT/일반 수험서, IT전문서, 경제경영서, 취미실용서, 건강실용서, 자녀교육서 www.gilbut.co.kr
길벗스쿨 | 국어학습, 수학학습, 어린이교양, 주니어 어학학습, 학습단행본 www.gilbutschool.co.kr

독일어를 시작하는 용감한 여러분께

새로운 언어, 새로운 나

여러 가지 언어를 구사하는 사람은 각각의 언어를 쓸 때 마다 다른 성격과 자아를 가지게 된다는 말이 있습니다. 과학적으로 근거가 있는지는 잘 모르지만, 저는 이 이야기를 참 좋아해요. 어렸을 때 디즈니 비디오를 통해 처음 접한 영어, 중학교 때 '덕질' 때문에 배우기 시작했던 일본어, 그리고 대학에서 필수 과목이라 어쩔 수 없이 선택한 독일어까지. 다양한 언어들은 제가 풍부한 경험과 자의식을 만들어 나가는 데 큰 도움을 주었어요. 그중에서도 독일어를 하는 나 자신이 가장 마음에 들어서인지, 저는 벌써 8년째 독일에 살고 있습니다.

여러분의 새로운 자신을 응원해요

요즘은 사정이 많이 달라졌다고는 해도, 여전히 독일어는 한국에서 흔히 접할 수 없는 언어에 속해요. 이런 독일어를 처음으로 시작하려고 결심한 여러분들은 얼마나 용기 있고 멋진가요. 또, 그런 여러분의 시작을 제 책을 통해 응원할 수 있는 저는 또 얼마나 운이 좋은 사람인가요. 제가 유튜브에서 처음 독일어 학습 영상을 만들기 시작했을 때부터 줄곧, "저는 독일어를 가르치는 선생님이 아니라, 여러분과 으쌰으쌰 해가며 독일어를 함께 배우는 사람이다."라고 강조했습니다. 이 생각은 지금도 변함이 없어요. 우리는 이 책을 통해 독일어를 함께 배울 것이고, 서로에게 앞으로 계속 나아갈 이유를 줄 것입니다.

머리말을 맺으며, 조금은 개인적인 이야기

벌써 두 번째 독일어책을 냅니다. 내가 독일어를 엄청나게 잘하는 사람인 듯 우쭐한 기분도 들지만, 배움에는 끝이 없고 독일어 공부에는 더더욱 끝이 없다는 걸 잘 알고 있습니다. (독일어가 특별히 어려워서가 아니라, 독일어의 숨은 매력이 너무 많기 때문이에요!) 앞으로도 저는 독일 베를린에서 저의 몫을 해나가며, 여러분께 따뜻한 응원이 될 수 있는 책과 영상들을 부지런히 만들도록 하겠습니다. 마지막으로 이 책을 완성하는 데 커다란 도움을 주신 길벗이지톡 박정현 편집자님께 감사드립니다.

베를린에서, 여러분의 에밀리 드림

이 책은 독일어를 처음 시작하는 입문자를 대상으로 합니다. 크게 본책, 부록, 보너스로 구성되어 있습니다. 본책은 회화 위주의 PART 1~4(총 33과)로 이루어져 있으며, 부록에서 보조적인 학습을 할 수 있습니다. 보너스는 상황별 표현집으로, 회화에서 유용한 말을 배울 수 있습니다.

본책

❶ QR코드 | 잠깐! 먼저 QR코드를 찍으세요. 동영상 강의를 켜고 에밀리 선생님과 함께 공부를 시작합니다.

❷ 무방비 상태로 3번씩 듣기 | 이번 과에서 배울 문장이 나옵니다. 일단 들으며 뜻을 추측해 보고, 완벽하지 않더라도 한 번씩 따라해 봅니다. 그냥 시작하는 것보다 이해도가 높아집니다.

직접 말해 보기

방금 들은 문장의 뜻을 확인하고, 입으로 소리 내서 따라합니다. 감정을 넣어서 연습하면 더 오래 기억에 남아요!

문장 파헤치기

분석해 보면 문장이 쉬워집니다. 문법과 발음을 암기하겠다는 욕심은 버리고, 천천히 읽으며 이해해 봅시다!

❶ **문법 확인하기** | 해당 과를 관통하는 핵심 문법을 확인합니다.

❷ **발음 클리닉** | 발음이 까다로운 단어를 콕 집어 알려 드립니다.

패턴 연습

한 개를 공부해도 다양하게 활용할 수 있도록 패턴 연습을 준비했습니다. 패턴 연습에서도 mp3를 듣고 영상을 보며, 최대한 비슷하게 따라해 보세요!

하나만 더!(*PART 2에만 있습니다.)

단어 하나만 더하면 또 다른 의미의 문장을 만들 수 있습니다.

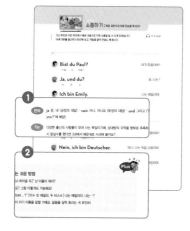

소통하기(*PART 3,4에만 있습니다.)

대화 속 등장인물이 되어 회화를 연습합니다.

❶ **단어** | 회화 내용 중 배우지 않은 단어나 중요한 단어를 정리했습니다.

❷ **Plus** | 회화 주제와 관련된 뉘앙스나 표현 설명을 추가로 알려드려요.

문제로 확인하기

문제를 풀면서 배운 내용을 완전히 이해했는지 확인해 봅니다. 간단한 그림 잇기 문제부터 작문 문제까지 풀어봅니다.

* 메인 문장뿐만 아니라 단어장이나 Tip에서도 문제가 출제됩니다.

쉬어가기

한 파트를 끝내면 쉬어가야겠죠? '예, 아니오'를 말하는 법부터 공부법까지 다양하게 준비했습니다. 쉬어가기 코너에서 푹 쉬고 다음 파트를 준비해 봅시다.

알찬 부록

이름답게 학습에 도움이 될 보충자료들을 알차게 구성했습니다. 어떻게 읽어야 하는지 헷갈리는 단어를 만나면 알파벳과 발음 클리닉을 찾아보세요! 독일어에서 중요한 강세와 장단음도 배워보세요! 그리고 숫자 익히기 코너에서는 숫자 읽기 연습을 하고, 문제로 확인하기 정답도 맞춰보세요!

차례

워밍업
알고 시작하면 더 쉽다

이런 교재예요 ···· 12
이렇게 공부하면 좋아요 ···· 13
독일어에 대한 세 가지 사실 ···· 14

PART 1

**기본 표현
배우기**

01과   안녕! ···· 19

02과   고마워. ···· 23

03과   미안해. ···· 27

04과   잘 지내? ···· 31

05과   잘 가! ···· 35

쉬어가기   독일어로 예, 아니오 말하기 ···· 39

PART 2

**Ich로
나에 대해
표현하기**

06과   나는 에밀리야. / sein 동사 ···· 43

07과   나는 배고파. / haben동사 ···· 49

08과   나는 숙제를 해. / machen 동사 ···· 55

09과   나는 감자튀김을 먹어. / essen 동사 ···· 61

10과   나는 맥주를 마셔. / trinken 동사 ···· 67

11과   나는 축구를 봐. / schauen 동사 ···· 73

12과	나는 수영하러 가. / gehen 동사	···· 79
13과	나는 고양이를 좋아해. / mögen 동사	···· 85
14과	나는 파티를 하고 싶어. / wollen 조동사	···· 91
15과	나는 운전할 수 있어. / können 조동사	···· 97
16과	나는 공부해야 해. / müssen 조동사	···· 103
쉬어가기	접속사로 문장력 업그레이드	···· 109

PART 3

Du로
친구와
대화하기

17과	네가 파울이야? / sein 동사	···· 113
18과	너 시간 있어? / haben 동사	···· 119
19과	너 운동해? / machen 동사	···· 125
20과	너 고기 먹어? / essen 동사	···· 131
21과	너 술 안 마셔? / trinken 동사	···· 137
22과	너 드라마 봐? / schauen 동사	···· 143
23과	너 집에 가? / gehen 동사	···· 149
24과	너 떡볶이 좋아해? / mögen 동사	···· 155
25과	너 뭐 하고 싶어? / wollen 조동사	···· 161

26과	너 기타 칠 수 있어? / können 조동사	···· 167
27과	너 내일 일찍 일어나야 해? / müssen 조동사	···· 173
쉬어가기	독일어 회화 빨리 느는 법	···· 179

PART 4
여행하기

28과	맥주 하나 주세요. / ~, bitte.	···· 183
29과	여기 와이파이 있나요? / Gibt es hier ~?	···· 189
30과	약국을 찾고 있어요. / Ich suche ~.	···· 195
31과	화장실은 어디인가요? / Wo ist ~?	···· 201
32과	비싸네요. / Das ist ~.	···· 207
33과	도와주실 수 있나요? / Können Sie ~?	···· 213
쉬어가기	지속 가능한 독일어 공부	···· 219

알찬 부록 ❶ 알파벳과 발음 클리닉
❷ 강세와 장단음
❸ 숫자 익히기
❹ 문제로 확인하기 정답

보너스 진짜 쉬운데 진짜 네이티브스러운 표현 50가지

동영상 강의

❶ QR코드

각 과 도입부의 QR코드를 스캔하면 동영상 강의를 볼 수 있는 페이지로 연결됩니다.

❷ 저자 유튜브 채널

유튜브에서 'Emily mit Ypsilon'를 검색하세요!

mp3 파일

❶ QR코드

각 과 도입부의 QR코드를 스캔하면 mp3 파일을 들을 수 있는 페이지로 연결됩니다.

❷ 길벗 홈페이지

홈페이지에서 도서명을 검색하면 mp3 파일 다운로드 및 바로 듣기가 가능합니다.

 일러두기

● 독일어 입문자가 독일어 발음에 익숙해질 수 있도록 한글 발음을 달았습니다. 한글 발음은 최대한 독일 현지에 가까운 발음을 싣고자 했습니다. (PART 4의 〈소통하기〉에서는 연습을 위해 한글 발음을 달지 않았고, 새로 등장하는 어휘의 발음은 하단의 〈단어〉 코너에서 확인하실 수 있습니다.)

● 명사 단어를 외울 때, 관사를 함께 기억하면 좋기 때문에 〈단어〉 코너는 '관사 + 명사'의 형태로 쓰여있습니다. 관사와 명사를 함께 보면서 눈에 익히세요!

워밍업

알고 시작하면
더 쉽다

1. 이런 책이에요
2. 이렇게 공부하면 좋아요
3. 독일어에 대한 세 가지 사실

알고 시작하면 더 쉽다

1. 이런 교재예요

진입장벽 없이 재미있게 독일어에 스며드는 책

많은 책이 "쉽고 빠르게 외국어를 가르쳐 드립니다!" 하고 약속하지만, 막상 책을 펴면 온통 처음 보는 문법에, 규칙에, 또 외워야 할 것들은 어찌나 많은지…. 하루 이틀 만에 의욕을 잃고 책을 덮어 버린 경험, 한 번쯤 있으실 거예요. 저도 그런 식으로 일찌감치 포기한 외국어가 네다섯 개는 되는 것 같고요.

이 책은 여러분이 시작부터 모든 것을 완벽하게 배워야 한다는 부담은 버리고, 독일어라는 언어 자체의 매력에 푹 빠질 수 있도록 가볍지만 튼튼한 첫걸음을 내디딜 수 있게 도와드립니다. 바로 배워서 바로 활용할 수 있는 회화 중심의 구성에, 그 속에 녹아 있는 문법 요소들을 그때그때 조금씩 알려 드릴 거예요. 여러분은 책의 설명에 끌려다니는 게 아니라, 주도적으로 진도를 나가며 꼭 필요한 것들을 차근차근 배워 나갈 수 있어요.

회화를 바탕으로 하는 책이기에 독일어를 학문으로써 배우고자 하는 분보다는, 독일어로 말하고 싶고, 내가 좋아하는 글을 읽고 싶고, 영화를 보고 싶고, 언젠가 독일에 가보고 싶은 분들께 적합한 책이에요. 배우면 배울수록 점점 더 독일어에 빠져들 수 있도록, 이 책이 여러분의 소중한 독일어 첫걸음을 함께 합니다.

2. 이렇게 공부하면 좋아요

같은 책으로 더 효과적으로 공부할 수 있는 방법이 있다면? 저자인 에밀리가 생각하는 가장 확실한 공부법을 제안합니다.

3박자 공부법: 눈으로 보고, 귀로 듣고, 입으로 따라 하고

눈으로만 척 봐도 알 수 있게끔 리얼한 한글 발음 표기와 친절한 발음 팁들로 가득한 책이지만, 그에 더해 귀(mp3 파일 듣기)와 입(직접 말해 보기)까지 모두 써서 공부해야만 이 책을 제대로 즐겼다고 할 수 있어요. 어느 외국어 책에나 있는 진부한 잔소리가 아니라, 독일어는 반드시 많이 듣고 따라 하면서 공부해야만 그 특유의 맛을 잘 느낄 수 있는 언어예요. 자신감 또한 독일어 공부의 중요한 요소이니, '내가 바로 에밀리다' 생각하며 당당하게 말해 보세요!

하루 1과 공부법: 많이 공부하지 마세요. 꾸준히만 하세요.

정말 쉬운 첫걸음부터 시작하는 책인 만큼, 처음에는 '어, 너무 쉬운데?' 또는 '진도가 너무 느린데?' 하는 생각이 들 수 있어요. 외국어 공부에서 가장 위험한 것이, 초반에 의욕 넘치게 시작했다가 금세 팍 식어버리는 건데요. 우리는 하루에 딱! 한 과씩만, 제대로 샅샅이 공부하기로 해요. 오늘은 컨디션이 좋아서 몇 과 더 할 수 있을 것 같다면, 차라리 앞으로 돌아가 복습을 하세요. 서두르지 않고 공부해도 한 달 뒤에는 어느새 이 책이 끝나 있을 거랍니다.

유튜브 공부법: 독학하면서 개인 과외 받는 효과!

독일어는 독학하기 힘들다는 편견을 깬 Emily mit Ypsilon 채널의 모든 노하우를 담아, 이 책의 모든 과마다 유튜브 설명 영상을 만들었습니다. 책을 펴고 유튜브 영상을 재생하면, 여러분만의 과외 선생님 에밀리가 바로 옆에서 함께 책을 보며 짚어주는 것처럼 공부할 수 있어요.

3. 독일어에 대한 세 가지 사실

우리에게는 아직 낯선 언어인 독일어. 낯선 만큼 신기한 특징들이 많아요.

첫째, 독일어에서 포크는 여성, 숟가락은 남성, 칼은 중성이다.

수저 같은 단순 사물에 성별을 붙인다는 것도 이상한데, '포크-여성, 숟가락-남성, 칼-중성'이라는 직관적으로 이해가 되지 않는 이 조합은 뭐죠? 네, 독일어의 모든 명사에는 고유의 성별이 있습니다. 그런데 이 성별이 명사의 뜻과 잘 맞을 때도 있지만(예: 소년-남성), 딱히 그렇지 않을 때도 많아요(예: 소녀-중성). 앞으로 독일어를 더 잘하게 되면 어느 정도의 규칙성도 발견할 수 있게 되지만, 지금 단계에서는 그냥 조금씩 외우면서 익숙해지는 게 최고의 방법이랍니다. 이 책에서는 새로운 명사가 등장할 때마다 해당 명사 앞에 정관사(die: 여성 der: 남성 das: 중성)를 붙여 성별을 표기했어요. 정관사의 모양을 보고 성별을 구분하면 되겠죠?

둘째, 독일어 관사는 복잡하지만, 잘 모른다고 큰일 나는 것도 아니다.

우리말은 명사 뒤에 '은/는', '을/를' 등을 붙여서 그 명사가 주어인지(예: 나는) 목적어인지(예: 나를) 나타내죠. 독일어에서 이런 역할을 하는 것이 바로 '관사'입니다. 독일어 관사는 명사 앞에 붙어서 그 명사의 다양한 문법적 정보(명사의 성별은 뭔지, 단수인지 복수인지, 주어인지 목적어인지 등)를 나타냅니다. 이렇게 다양한 정보를 담아내다 보니 관사의 모양이 수십 가지로 변하고, 이걸 너무 복잡하게 느껴서 독일어를 지레 포기하는 분들도 많아요. 그런데요, 독일인들은 생각보다 융통성 있게 관사를 사용해요. 아예 생략하는 경우도 많고요.* 자연스러운 구어체 예문들로 구성된 이 책을 통해, 일상 회화 속에서 관사가 어떻게 쓰이는지 감을 익혀 보세요.

* 물론, 수준 높은 독일어를 구사하고 싶다면 이야기가 달라집니다. 이건 독일어를 잘하게 되면 그 때 생각하도록 해요.

셋째, 독일어 동사는 주어와 시제(현재/과거 등)에 따라 모양이 변한다.

주어가 나(1인칭)냐 너(2인칭)냐 그녀(3인칭)냐, 또는 주어가 단수(예: 그것)냐 복수(예: 그것들)냐에 따라서 동사의 모양이 달라지는데, 아주 드라마틱하게 바뀌는 경우는 많지 않고 대부분은 동사 끝의 어미만 바뀌는 정도입니다. 현재 시점을 나타내는 문장인지, 과거를 회상하는 문장인지 등도 동사의 모양에 영향을 주는데요. 이 책에서는 항상 주어와 동사를 함께 알려드리기 때문에, 다양한 동사의 가장 기본적인 변화형에 자연스럽게 익숙해질 수 있습니다. 뭐가 자꾸 바뀌는 게 많고 변하는 게 많아서 독일어가 복잡하게 느껴지신다고요? 지금 바로 페이지를 넘겨 1과를 보세요. 여러분이 지금 걱정하시는 게 싹 사라질 만큼 쉽고 재미있을 테니까요!

학습 준비물 2가지!

❶ 입

회화학습이니까
꼭 입으로 연습해 보세요!

❷ 표정

실제 상황인 것처럼
표정도 실감나게 연습하면
문장이 더 잘 외워집니다. 진짜예요!

기본 표현 배우기

이런 말을 할 수 있어요

#안녕 #고마워
#미안해 #잘 지내?
#잘 가
+독일어로 예, 아니오 말하기

지금 막 이 책으로 독일어 공부를 시작한 우리의 목표는

독일어라는 낯선 언어와 친해지는 것,

그래서 일상 속 크고 작은 일들을 독일어로 말할 수 있는 것,

즉, 독일어 회화가 가능해지는 것이겠지요.

복잡하게 생각할 필요 없이,

"안녕!"부터 시작해 보는 거 어때요?

기본 인사말부터 시작해

조금씩 더 많은 말들을 할 수 있게 될 거예요.

참, 독일어 발음이 생각보다 참 예쁘답니다.

MP3 파일을 들으며 실감 나게 따라 해 보세요.

독일어와의 기분 좋은 첫 만남,

지금부터 시작합니다!

1과

안녕!

🎧 1-0.mp3   무방비 상태로 3번씩 들어 보기 👂   무슨 뜻일까요?

Hallo!

Guten Tag!

Guten Morgen!

Hi!

Guten Abend!

누군가를 처음 만났을 때 또는 친구를 만났을 때 사용하는 인사 표현입니다.

책을 펼치고
동영상 강의를 보면서
학습을 시작합니다.

 × ×

동영상 강의 보기   mp3 파일 듣기

독일어로 "안녕!"은?

시간대에 구애 받지 않고 언제 어디서나 편하게 쓸 수 있는 인사말과
요즘 젊은 층에서 특히 많이 쓰는 친근한 인사말을 알아 봐요.

기본 인사

Hallo!
[할로]

▶ 일상에서 가장 널리 쓰이는 인사 표현이에요. 끝을 올려서 "Hallo?"라고
하면 "저기요?" 또는 "여보세요?"라는 말도 된답니다.

쿨한 인사

Hi!
[하이]

▶ 주로 젊은 층에서 선호하는 친근한 느낌의 인사예요. 우리에게도 익숙하죠?

 Hi 뿐만 아니라 Sorry (미안해), Okay (알았어), Nice (좋다, 멋지다) 등 다양한 영어 단어들이 독일어 일상
회화에서 자주 등장합니다. 영어를 많이 섞어 쓰는 것을 '쿨하다'고 보는 사람들도 있는 반면, 비판하는 사람
들도 있어요.

이번에는 시간대에 따라 달라지는 인사 표현인데요,
앞에서 배운 인사에 비해 정중하고 공식적이에요.

아침, 오전 인사

(Guten) Morgen!
[(구튼) 모어겐]

점심, 오후 인사

(Guten) Tag!
[(구튼) 타-ㅋ]

발음tip

g가 단어 끝에 오면 [ㅋ] 발음

[구튼 타-ㅋ]에서 "타-"는 길게
빼서 발음하고, 마지막에 목구멍
을 닫으며 가벼운 [ㅋ] 소리로 마
무리하세요.

저녁, 밤 인사

Guten Abend! / Nabend!
[구튼 아-벤트] / [나-벤트]

발음tip

d가 단어 끝에 오면 [ㅌ] 발음

독일어 d는 기본적으로 영어 d와
소리가 같지만, 단어 마지막에 위
치하게 되면 예외적으로 [ㅌ] 소리
가 됩니다.

▶ 위의 세 표현에서 Guten을 생략하면 좀 더 캐주얼한 느낌이 돼요. 그런데
"Abend!"는 Guten의 n이 그대로 남아 "Nabend!"라고 말하니 주의하
세요.

 guten 좋은 (형용사 gut의 변화형) | **Morgen** 아침 | **Tag** 날, 하루 | **Abend** 저녁

이럴 땐 어떻게 인사할까요? 가장 어울리는 것을 골라서 써 봅시다.

> # Hallo!　　Hi!　　Guten Morgen!
> # Guten Tag!　　Guten Abend!

상황 1 호텔 조식을 먹으러 식당에 내려갔는데, 직원과 눈이 마주쳤습니다.

➡ _____

상황 2 낮에 장 보러 갔더니, 계산원이 이렇게 인사하네요.

➡ _____

상황 3 생애 첫 독일어 통화 경험! 뭐라고 하며 전화를 받으면 좋을까요?

➡ _____

상황 4 저녁에 TV를 틀었더니 8시 뉴스 진행자가 이렇게 인사하며 뉴스를 시작하네요.

➡ _____

상황 5 (시간 상관 없이) 내 또래 친구에게 가볍게 인사할 말이 필요해요.

➡ _____

2과

학습일 :　　　월　　　일

고마워.

Danke.

Danke schön.

Bitte schön.

Gerne.

고맙다는 표현과 그에 대해 대답하는 표현입니다.

책을 펼치고
동영상 강의를 보면서
학습을 시작합니다.

 × ×
동영상 강의 보기　　　mp3 파일 듣기

독일어로 "고마워."는?

독일인들은 습관적으로 고맙다는 말을 자주 하는 것같아요.
사람과 사람 간에 뭔가가 오고 가는 상황에서는 고맙다는 말도 함께 오간답니다.

🎧 2-1.mp3

고마워.

Danke.

[당케]

발음tip

e가 단어 끝에 왔을 땐 애매하게

[당케]에서 '케' 발음을 너무 정직
하게 하기보다는, '커'와 '케'의 중
간 정도로 애매하게 발음해 보세
요. '-e'로 끝나는 단어들에 거의
다 적용할 수 있는 발음법입니다.

▶ 가장 간단하면서도 많이 쓰는 감사 표현입니다.

정말 고마워.

Danke schön.

[당케 쇼ㅣ-ㄴ]

발음tip

sch 조합은 [슈] 발음

독일어 알파벳 sch 조합은 우리
말 의태어 '슈슉!'처럼 공기가 많이
들어간 [슈] 발음이에요.

▶ schön을 붙이면 고마움을 더욱 강조할 수 있습니다.

고맙다는 말을 들었을 때 세련되게 답하는 법도 알면 좋겠죠?
생각보다 무척 간단하니 입에 착 붙도록 연습해 봅시다!

천만에요.

Bitte (schön).

[비테 (쇼ㅣ-ㄴ)]

발음tip

ö는 [오]와 [외]의 중간 발음

schön에서 o 위에 점 두 개가 달
린 알파벳 때문에 당황하셨나요?
이건 알파벳 o의 소리를 변형한
것으로, [오]와 [외]의 중간 정도의
발음이랍니다. 음성 파일을 듣고
최대한 비슷하게 흉내내다 보면
금방 익힐 수 있으니 걱정은 금물!

▶ 보통 Danke에는 Bitte로, Danke schön에는 Bitte schön으로 응답하
는 것이 자연스러워요. 이밖에도 "받으세요.", "들어오세요.", "앉으세요."
등 뭔가를 권할 때도 쓸 수 있는 활용도 만점 표현입니다.

기꺼이 한 일인 걸요.

Gerne.

[게아네]

▶ Bitte와 더불어 간단하면서도 정말 많이 쓰는 표현이에요.

25

이럴 땐 어떤 말을 해야 할까요? 가장 어울리는 것을 골라서 써 봅시다.

Danke.   Danke schön.
Bitte schön.   Gerne.

상황1 지하철에서 목발을 짚은 사람에게 자리를 양보했더니, "Danke schön."이라고
인사하네요. 이때 뭐라고 답하면 좋을까요? [답 2개]

상황2 물건을 건네받으며 짤막하게 고마움을 표시할 때 뭐라고 하면 좋을까요?

상황3 꼭 타야 하는 버스를 놓칠 뻔한 순간, 기사님이 문을 열고 기다려 주셨네요. 정말
고마운 마음을 어떻게 표현하면 좋을까요?

3과

미안해.

🎧 3-0.mp3   무방비 상태로 3번씩 들어 보기 👂   무슨 뜻일까요?

Entschuldigung!

Sorry.

Tut mir leid.

Alles gut.

사과하고 그에 답하는 표현입니다.

책을 펼치고
동영상 강의를 보면서
학습을 시작합니다.

동영상 강의 보기   mp3 파일 듣기

독일어로 "미안해."는?

일상 속에서 벌어지는 사소하지만 파증날 만한 일들도
미안하다는 표현을 알면 서로 기분 좋게 넘어갈 수 있어요.

🎧 3-1.mp3

발음tip

tsch 조합은 [츄] 발음

앞서 배운 sch 조합이 [슈] 발음
이었다면, 그 앞에 t를 하나 더한
tsch는 [츄]라고 발음해요. 전기
밥솥에서 밥이 다 됐을 때 나는 소
리처럼 바람이 많이 섞인 '츄〜'
소리입니다.

죄송합니다. / 실례합니다.

Entschuldigung!

[엔트츌디궁]

▶ 가장 기본적인 사과 표현입니다. 뭔가를 물어보거나 부탁하기 전에 "실례
지만…."할 때도 자주 씁니다. 캐주얼하게 줄여서 "Tschuldigung! [츌
디궁]" 이라고도 해요.

미안해요.

Sorry.

(영어식으로 발음)

▶ "앗, 미안!" 정도로 가볍게 사용합니다. 무례한 표현은 아니지만, 정말 심각
한 상황에서는 사용하지 않는 것이 좋아요.

좀 더 본격적인 사과 표현과,
미안하다는 말을 들었을 때 답하는 법도 알아 봅시다.

발음tip

ei 조합은 [아이] 발음

ei가 왠지 '에이'라고 소리날 것같이 생겼지만 [아이]라고 발음합니다. 앞으로도 자주 만나게 될 조합이니 기억해 두세요!

죄송합니다. / 유감입니다.

Tut mir leid.

[툳 미어 라이트]

▶ 가볍게 미안하다고 하고 넘어가는 상황보다는, 나의 잘못이나 실수로 상대에게 불편을 끼쳐 죄송하다는 표현입니다. 꼭 내 탓이 아니더라도 상대가 안 좋은 일을 겪었을 때 유감을 표하는 의미로도 씁니다.

괜찮아요.

Alles gut.

[알레ㅅ 구-ㅌ]

▶ 직역하면 "모든 것이 좋다." 즉, 괜찮다는 표현입니다. 사과 표현에 대한 가장 쉽고 담백한 답변입니다.

단어   **Alles** 모든 것, 전부 | **gut** 좋다

Tip   "Alles gut?"하고 물음표를 붙여 의문문으로 만들면 "괜찮으세요?"라는 표현이 됩니다.

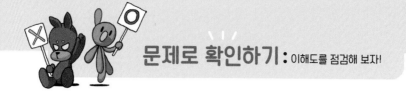

이럴 땐 어떤 말을 해야 할까요? 가장 어울리는 것을 골라서 써 봅시다.

> ## Entschuldigung.　　Sorry.
> ## Tut mir leid.　　Alles gut.

상황1 친구와 나란히 걷다가 어깨를 살짝 부딪혔습니다. 가벼운 사과의 표현으로 뭐라고 하면 좋을까요?

➡ _____

상황2 붐비는 지하철에서 누군가 실수로 내 발을 밟고는 "Entschuldigung!"이라며 사과하네요. 뭐라고 답해줄까요?

➡ _____

상황3 마트에서 아무리 찾아도 원하는 물건이 안 보여 직원에게 물어보려는데, 어떻게 말을 시작하면 좋을까요?

➡ _____

상황4 식당에서 음식을 주문했는데 한참을 기다려도 안 나오기에 문의했습니다. 식당 측 실수로 주문이 누락되었다며 이렇게 사과하네요.

➡ _____

4과

잘 지내?

Wie geht's dir?

Na?

Sehr gut.

Und dir?

안부를 물으며 인사하고 그에 답하는 표현입니다.

책을 펼치고
동영상 강의를 보면서
학습을 시작합니다.

▶ 동영상 강의 보기 ✕ 🎧 mp3 파일 듣기 ✕ 📖

독일어로 "잘 지내?"는?

독일어에서 "잘 지내?"는 상대의 안부를 물을 때 쓰지만
친한 사이에 가벼운 인사말로 쓰는 경우도 흔하답니다.

🎧 4-1.mp3

어떻게 지내?

Wie geht's (dir)?

[비(v) 게－ㅊ (디아)]

(발음tip)

독일어 w는 영어의 v 발음

영어와 모양은 같은데 발음이 다른 알파벳들은 특히 헷갈리기 쉬우니 꼭 익히고 가도록 해요. 독일어 w의 발음은 [v] 라는 거!

▸ 직역하면 '너에게(dir) 어떻게(wie) 되어가고 있니(geht's)' 라는 문장으로, 영어의 "How's it going?"과 구조와 의미가 비슷합니다. dir를 생략해 간편하게 "Wie geht's?"라고만 해도 좋아요.

안녕? / 잘 있었어?

Na?

[나－]

▸ 단 한마디에 모든 것을 담은 가성비 최고의 인사말이에요. 강한 친근함의 표현이에요.

잘 지내냐는 질문에 솔직하게 답하는 경우도 있지만
대부분은 예의상 "나는 잘 지내, 너는?" 정도로 화답하는 경우가 많죠.

(아주) 잘 지내.

(Sehr) gut.

[(제(z)아) 구―트]

 발음tip

단어 맨 앞 s는 영어의 z 발음

독일어 단어 맨 앞에 오는 s의 발
음은 영어의 z 발음과 거의 비슷
합니다. 혀끝에 꿀벌 한 마리가 앉
은 것처럼 [zzz]하고 진동하며 내
는 발음, 낯설지 않죠?

▶ "Wie geht's?"에 대한 가장 기본적인 답변입니다.

너는 잘 지내?

Und dir?

[운 디아]

▶ 상대가 먼저 안부를 물었으면, 예의상 나도 되물어 주는 것이 좋겠죠?

단어 wie 어떻게 | dir 너에게(는) | sehr 아주

33

이럴 땐 어떤 말을 해야 할까요? 가장 어울리는 것을 골라서 써 봅시다.

Wie geht's (dir)?   Na?

(Sehr) gut.   Und dir?

상황 1 친한 친구와 만났을 때, 반갑게 인사하며 친구의 안부까지 물을 수 있는 가장 간단한 표현은 뭐가 있을까요?

➡ _____

상황 2 그다지 친하지 않은 사람이 안부를 물어 오는데, 예의상 적당히 답하려 합니다.

➡ _____

상황 3 친구가 "Wie geht's?" 하고 묻기에 답을 한 뒤에, 친구의 안부를 되묻고자 합니다.

➡ _____

5과

잘 가!

Tschüss!

Ciao!

Bis morgen!

Bis bald!

헤어질 때 쓰는 다양한 인사표현입니다.

책을 펼치고
동영상 강의를 보면서
학습을 시작합니다.

 동영상 강의 보기　×　 mp3 파일 듣기　×

독일어로 "잘 가!"는?

독일어에서는 "잘 가(안녕히 가세요)."와 "잘 있어(안녕히 계세요)."를 구별하지 않고 하나의 인사말로 쓴답니다.

🎧 5-1.mp3

잘 가! / 잘 있어!

Tschüss!

[츄 | ㅆ]

▶ 장소, 상황에 관계 없이 가장 흔히 쓰는 작별 인사입니다. 물결을 그리는 듯한 특유의 억양이 포인트예요. 음성 파일을 들으며 연습해 보세요!

발음tip

ü 발음은 [우]와 [위]의 중간

독일어 특수 알파벳 두 번째! 원래 알파벳인 u[우]의 소리를 변형해서 [우]와 [위]의 중간 정도로 발음합니다. 자세한 발음법은 차차 배우기로 하고, 지금 단계에서는 음성 파일을 듣고 그대로 따라 하며 연습해 보아요.

잘 가! / 잘 있어!

Ciao!

[챠오]

▶ 이탈리아어에서 온 인사말입니다. Tschüss보다는 더 캐주얼해요.

학교 친구나 직장 동료처럼 주기적으로 보는 사이에는
이런 식으로도 작별 인사를 할 수 있어요.

내일 (또) 보자!

Bis morgen!

[비ㅅ 모어겐]

끝에 오는 s는 영어와 같은 발음

단어 맨 앞에 오는 s는 영어의 z
처럼 [zzz]하고 혀 끝을 떨며 내는
소리라고 배웠는데요. 단어 중간이
나 끝에 오는 s는 영어의 s 발음
처럼 [sss]하고 뱀이 기어가는 듯
한 소리랍니다.

▶ 오늘 만나고 내일 또 만나는 상황에서도 쓸 수 있고, 전화나 문자로 내일 약
속을 잡은 뒤 "그럼 내일 보자!"라고 할 때도 쓸 수 있어요.

곧 (또) 보자!

Bis bald!

[비ㅅ 발ㅌ]

▶ 당장 내일은 아니더라도 빠른 시일 내에 다시 만날 것을 알 때, 또는 그런 바
람을 담아 하는 인사입니다.

단어 bis ~까지 | morgen 내일 | bald 곧, 금방

Tip 1과에서 배운 Morgen(아침)과 morgen(내일)을 헷갈리지 않도록 주의하세요! 대문자와 소문자로 구별하면
되겠죠?

37

이럴 땐 어떤 말을 해야 할까요? 가장 어울리는 것을 골라서 써 봅시다.

Tschüss!   Ciao!

Bis morgen!   Bis bald!

상황 1 며칠간 고향에 내려가는 룸메이트와 어떻게 작별 인사하면 좋을까요?

➡ _____

상황 2 단골 카페에서 사장님과 수다를 떨고 나서 가게를 나오려고 합니다.[답 2개]

➡ _____

상황 3 퇴근 직전, 직장 동료에게 내일 보자고 말하려고 합니다.

➡ _____

독일어로 예, 아니오 말하기

"Ja oder nein?" [야 오다 나인?]

한국에서 나고 자라 대학까지 졸업하고 나서 독일에 온 저는, 당연하게도 한국식 의사 표현과 대화 방식이 익숙했어요. 너무 직설적으로 말하는 것은 피하고, "아니"라든가 "싫다"는 표현은 최대한 삼가거나 에둘러 말했죠. 그게 예의라고 생각했거든요. 그랬더니 독일인들이 매번 저에게 "Ja oder nein?"라고 질문을 던졌어요.

Ja [야]는 "응, 네"에 해당하는 독일어 대답입니다. Nein [나인]은 "아니, 아니요"에 해당하고요. oder [오다]는 '또는, 혹은'이라는 접속사니까, "Ja oder nein?"은 "응이라는 거야, 아니라는 거야?" 정도의 질문이 되겠네요. 처음 이 말을 들었을 때는 솔직히 기분이 좋지 않았어요. '왜 내 대답을 못 알아듣지?' 싶어서 속상하기도 하고, 추궁받는 느낌이 들어 불쾌하기도 했고요. (실제로 뉘앙스에 따라 따지는 듯한 질문이긴 합니다.)

독일 생활과 문화에 익숙해진 지금은, 당시의 제가 ja, nein을 분명하게 말하지 않고 여러 미사여구를 통해 포장했던 것이 독일인들 입장에서는 이해하기 힘들었겠다는 생각이 듭니다. "예"면 "Ja.", "아니오"면 "Nein."라고 처음부터 확실히 밝히고, 이유나 근거는 그 후에 덧붙이면 된다는 걸 이제는 저도 잘 알지만요.

"Doch!" [도ㅋㅎ]

독일어에는 ja, nein 외에 제3의 대답이 있습니다. 바로 doch [도ㅋㅎ]인데요. 아주 짧게 탁! 치듯이, 톡! 쏘는 듯한 발음이 인상적이에요. Doch는 부정적인 질문에 대해 "그게 아니야, 천만에"라는 식으로 반박할 때 씁니다. 예를 들어 누군가 "너 오늘 숙제 안 했지?"라고 물었을 때 "아니거든! 숙제 했거든!"이라고 답하려면 "Doch!" 한마디로 해결된다는 거죠.

😺 : 에밀리, 너 오늘 머리 안 감았지?

👧 : Doch! (아니거든! 감았거든!)

ja + nein = "Jein." [야인]

가끔은 뭐라 딱 잘라 대답하기 어려운 질문들이 있는데요. 이런 불확실함에 대해서조차 독일어에는 확실한 대답이 있습니다. 바로 Jein [야인]인데요. 생긴 모양에서 짐작할 수 있듯 ja와 nein을 적당히 섞어 놓은 것입니다. 어떤 질문에 대한 답이 "예"와 "아니오" 둘 다 될 수 있을 때, 혹은 ja라고 하기에도 애매하고 nein이라고 하기도 애매할 때 "Jein."이라고 답한 뒤 부연 설명을 하는 식으로 활용합니다.

👧 : 파울, 너는 그럼 머리 감았어?

😺 : Jein. (그렇기도 하고 아니기도 해.)

👧 : Ja oder nein?!

정리하기 "Ja." 응, 네.

"Nein." 아니, 아니요.

"Doch!" (부정 질문에 대해) 천만에, 아니거든.

"Jein." 그렇기도 하고 아니기도 해.

Ich로 나에 대해
표현하기

이런 말을 할 수 있어요

#나는 에밀리야 #나는 배고파 #나는 숙제를 해
#나는 감자튀김을 먹어 #나는 맥주를 마셔 #나는 축구를 봐
#나는 수영하러 가 #나는 고양이를 좋아해 #나는 파티를 하고 싶어
#나는 운전할 수 있어 #나는 공부해야 해

+ 접속사로 문장력 업그레이드

내가 누구인지, 어떤 기분과 상태인지,

무엇을 좋아하고 무엇이 하고 싶은지….

독일어 회화에서는 '나'에 대해 정확하게

표현하는 것이 특히 중요하답니다.

자신의 생각과 의견을 거침없이 이야기 하는

독일인들의 성향과 관련이 있겠지요?

그래서 이번 파트에서는 '나'를 주어로 하는

다양한 패턴의 문장들을 배워 봅니다.

알기 쉬운 문법 해설까지 곁들였으니

꾸준히 야금야금 공부하면

독일어 실력이 확 늘어난 것을 체감하실 거예요.

독일어로 '나'에 대해 생각하는 시간,

시작해 볼까요?

나는 에밀리야.

Ich bin Emily.

이히   빈   에밀리

🎧 6-0.mp3   무방비 상태로 3번씩 들어 보기 👂   무슨 뜻일까요?

Ich bin Emily.

Ich bin Koreaner(in).

Ich bin groß.

나의 이름, 국적, 특징 등을 말할 수 있어요.

책을 펼치고
동영상 강의를 보면서
학습을 시작합니다.

 × ×

동영상 강의 보기   mp3 파일 듣기

직접 말해 보기 : 입과 표정 준비 완료!

🎧 6-1.mp3

나는 ~야. / ~해.

이흥 빈
Ich bin ~.

독일어 회화의 가장 기본이 되는 표현입니다.
Ich bin 뒤에는 이름이나 직업과 같은 명사가 올 수도 있고,
나의 기분과 감정, 상태를 나타내는 형용사가 올 수도 있어요.

Ich bin Emily.
[이흥 빈 에밀리]

나는 에밀리야.

Ich bin Koreaner(in).
[이흥 빈 코레아-나(린)]

나는 한국인이야.

Ich bin groß.
[이흥 빈 그로-쓰]

나는 키가 커.

단어 ich 나 (주어) | bin ~이다 (영어의 be 동사에 해당하는 sein 동사가 주어 ich를 만나서 변한 모양) | der
Koreaner 한국인(남성) | die Koreanerin 한국인(여성) | groß (키가) 크다 ↔ klein [클라인] (키가) 작다

Tip ich를 발음할 때에는 입을 한껏 양 옆으로 찢고 '이' 하고 소리 내다가 그 입 모양 그대로 '히~'하고 바람 빠
지는 소리로 마무리하면 됩니다. ch 조합이 항상 이렇게 소리 나는 것은 아니고 두 가지 발음법이 더 있는데,
이건 차차 배우도록 해요.

문장 파헤치기 : 파헤치면 이해된다!

주어   동사   보어(명사/형용사)

Ich + bin + _____ .

sein 동사의 변화

영어에 be 동사가 있다면 독일어에는 sein 동사가 있습니다. be 동사는 주어와 시제에 따라 모양이 많이 달라지지요? sein 동사도 마찬가지예요. 주어가 ich(나)이고 시제가 현재일 때는 sein 동사가 bin으로 변합니다.

남성형 명사, 여성형 명사

맨 처음 워밍업에서 "독일어의 모든 명사에는 성별이 있다"라고 했죠? 포크는 여성 명사, 숟가락은 남성 명사, 젓가락은 중성 명사… 이런 식으로요. 그런데 어떤 사람의 직업이나 국적, 포지션 등을 나타내는 명사의 경우 그 사람이 여성이냐 남성이냐에 따라서 명사 자체의 모양이 변한답니다. 기본 모양은 남성형이고, 거기에 -in을 붙여서 여성형으로 만든다고 생각하면 편해요.

- (예) (남) Koreaner (여) Koreanerin 한국인   (남) Student (여) Studentin 대학생

  (남) Deutscher (여) Deutsche* 독일인

  *예외적인 모양이지만 당황할 필요 없어요! 일단 이 정도만 알아 두면 차차 저절로 규칙성을 발견하게 될 거예요.

강의 또는 음성을 들으면서 따라 하면 더 쉬워요!

Koreaner(in) [코레아-나(린)]	Groß [그로-씨]
독일어의 r 발음은 목젖이 데굴데굴 굴러가는 아주 독특한 발음이지만, 지역과 사투리에 따라 우리말의 [ㄹ]과 비슷하게 발음되기도 해요. [ㄹ]을 발음하되 혀를 아르르르– 하고 떨면서 소리내면 남부식 r 발음 완성!	이음표(–)는 길게 끌어서 발음하라는 의미예요. ro 부분을 짧게 치고 지나가지 말고 두 박자 정도 시간을 들여 길게 읽어야 합니다. 단어 끝의 알파벳 ß는 신기하게 생겼지만 발음 자체는 평범한 [씨] 소리예요.

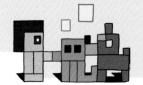

패턴 연습 : 단어를 바꿔가며 말해 보자!

🎧 6-2.mp3

나는 [ ]야. / 해.

이ㅎ 빈
Ich bin [ ] .

❶ Deutsche (여성)　　**Deutscher** (남성)　　나는 독일인이야. (((😶
[도이췌]　　　　　　　　[도이춰]

❷ Studentin (여성)　　**Student** (남성)　　나는 대학생이야. (((😶
[슈투덴틴]　　　　　　　[슈투덴트]

❸ froh　　　　　　　**traurig**　　　　　나는 기뻐. / 슬퍼. (((😶
[프(f)로-]　　　　　　　[트라우리ㅎ]

❹ gesund　　　　　　**krank**　　　　　나는 건강해. / 아파. (((😶
[게준(z)ㅌ]　　　　　　　[크랑ㅋ]

> **단어**　die Deutsche 독일인(여성) | der Deutscher 독일인(남성) | die Studentin 대학생(여성)
> der Student 대학생(남성) | froh 기쁘다 | traurig 슬프다 | gesund 건강하다 | krank 아프다

> **발음**　Deutsche에서 Deu는 [도이]와 [더이] 사이의 아주 애매한 소리예요. 입모양은 [도이]인데 소리는 [더이]를
> 낸다는 느낌으로 발음하시면 좋습니다.
> traurig처럼 단어가 -ig로 끝나는 경우, g가 마치 ich의 ch처럼 [ㅎ]로 발음됩니다. 입술을 양 옆으로 찢고
> 바람을 내보내며 '히~' 하는 그 발음이요!

46

🎧 6-3.mp3

나도 기뻐.

이ㅎ   빈   아우ㅋㅎ   프(f)로-
Ich bin auch froh.

상대방과 공통점을 발견했을 때 "나도 그렇다"라고 표현하려면
Ich bin 바로 다음에 '또한'이라는 의미의 auch를 넣으면 됩니다.

Ich bin auch Koreaner(in).
[이ㅎ 빈 아우ㅋㅎ 코레아-나(린)]

나도 한국인이야.

Ich bin auch krank.
[이ㅎ 빈 아우ㅋㅎ 크랑ㅋ]

나도 아파.

Ich bin auch traurig.
[이ㅎ 빈 아우ㅋㅎ 트라우리ㅎ]]

나도 슬퍼.

발음 ich의 ch는 '히~'하고 바람 빠지듯이 발음 되지만, auch의 ch는 가래 끓는 소리처럼 목구멍을 '크흐~'하고 긁는 소리가 납니다. ch가 어떤 때 [ㅎ]로, 어떤 때 [ㅋㅎ]로 소리 나는지 규칙성을 찾으려 하면 오히려 더 헷갈려요. 그때그때 나오는 단어마다 큰 소리로 따라 하며 익숙해지는 것이 중요합니다.

문제로 확인하기 : 이해도를 점검해 보자!

1. sein 동사가 주어 ich와 만날 때 어떻게 변하는지, 주어와 함께 써 보세요.

➡ _____

2. 다음 단어들을 순서에 맞게 배열하세요. (동사는 주어에 맞게 변형시키세요.)

❶ sein / Emily / ich ➡ _____ (나는 에밀리야.)

❷ Koreanerin / ich / sein ➡ _____ (나는 한국인(여성)이야.)

❸ ich / groß / sein ➡ _____ (나는 키가 커.)

3. 다음의 단어를 활용하여 문장을 만드세요.

Deutsche(r)	auch	klein	froh
Student(in)	gesund		traurig

❶ 나는 대학생(남성)이야. ➡ _____ .

❷ 나도 독일인(여성)이야. ➡ _____ .

❸ 나는 슬퍼. ➡ _____ .

❹ 나도 키가 작아. ➡ _____ .

❺ 나는 건강해. ➡ _____ .

48

7과

나는 배고파.

Ich habe Hunger.
이흐   하-베   훙아

🎧 7-0.mp3 무방비 상태로 3번씩 들어 보기 👂 무슨 뜻일까요?

Ich habe Hunger.

Ich habe Durst.

Ich habe Angst.

나의 상태에 대해 표현할 수 있어요.

책을 펼치고
동영상 강의를 보면서
학습을 시작합니다.

  ×   ×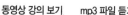

동영상 강의 보기   mp3 파일 듣기

7-1.mp3

나는 ~한 상태야.

이ㅎ   하-베
Ich habe ~.

Ich habe는 원래 '나는(ich) ~을 가지고 있다(habe)'는 뜻이지만,
'~을' 자리에 무엇이 오느냐에 따라 나의 신체 또는 마음이 어떠한 상태라는 의미를 나타내기도 합니다.
예시를 통해 알아볼까요?

Ich habe Hunger.
[이ㅎ 하-베 훙아]

나 배고파.

Ich habe Durst.
[이ㅎ 하-베 두어ㅅㅌ]

나 목말라.

Ich habe Angst.
[이ㅎ 하-베 앙ㅅㅌ]

나 무서워.

단어   habe ~을 가지다 (영어의 have 동사에 해당하는 haben 동사가 주어 ich를 만나서 변한 모양)
der Hunger 허기 | der Durst 갈증 | die Angst 두려움, 불안

50

문법 확인하기

주어   동사   목적어
Ich + habe + _____.

소유와 상태를 나타내는 haben 동사

영어나 독일어 등 서구권 언어를 살펴보면, 소유에 대한 개념이 우리보다 훨씬 더 강한 듯해요. 한국어에서는 "나는 딸이 하나 있다."라고 하지만, 독일어에서는 haben 동사를 써서 "Ich habe eine Tochter. (나는 딸을 하나 가지고 있다.)"라고 하거든요. 뿐만 아니라 허기, 갈증, 불안 등 몸과 마음의 상태도 haben 동사를 사용해서 나타낸다는 것이 우리말과는 크게 다른 점이죠?

 eine Tochter [아이네 토ㅋㅎ타] 하나의 딸 (딸 한 명)

목적어에 관사를 붙인다? 안 붙인다?

독일어에서는 명사에 관사라는 걸 붙인다면서요? 그럼 haben 동사 뒤에 오는 목적어에도 eine Tochter처럼 전부 eine같은 관사를 붙여 줘야 하지 않을까요? 항상 그렇지만은 않답니다. "Ich habe Hunger." 등의 표현은 관용적으로 그렇게 쓰이는 것들이라, 따로 관사를 붙이지 않아도 되어서 편해요.

발음 클리닉   강의 또는 음성을 들으면서 따라 하면 더 쉬워요!

habe [하-베]	Durst [두어ㅅ트], Angst [앙ㅅ트]
단어 끝의 '베'는 너무 정직하게 발음하기보다는 애매하게 살짝만 발음하면 훨씬 느낌이 살아요. 구어체에서는 habe 대신에 그냥 hab[합]이라고 발음하는 경우가 많답니다. 예 Ich hab Hunger! [이ㅎ 합 훙아]	끝에 [ㅅ트] 하고 모음 없이 자음 소리만 나게 마무리해 주는 것이 포인트예요. 굳이 모음을 붙여 [스트] 이런 식으로 발음하면 그다지 예쁘게 들리지 않으니 주의하세요.

51

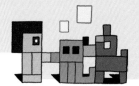

🎧 7-2.mp3

나는 ⬚ 한 상태야.

이흐 하-베
Ich habe ⬚ .

❶ **Fieber**
[피(f)-바]

나 열 나. (((😊

❷ **Zeit**
[ㅊ짜이ㅌ]

나 시간 있어. (((😊

❸ **Stress**
[슈트레쓰]

나 스트레스 받아. (((😊

단어   **das Fieber** 열, 미열 | **die Zeit** 시간 | **der Stress** 스트레스

발음   독일어의 z 발음은 [ㅊ] 소리로 시작해서 아주 약한 [ㅉ]로 끝나요. Zeit의 경우 치아 사이로 [ㅊㅊㅊ] 하고 바람을 내보내다가 입을 열면서 부드럽게 [짜이ㅌ] 해주면 예쁜 발음이 됩니다.

🎧 7-3.mp3

나는 배고프지 않아.

이ㅎ 하-베 카이넨 훙아
Ich habe keinen Hunger.

독일어에서 부정문을 만들 때 필요한 두 가지 요소가 있는데, 그 중에 하나가 kein[카인]입니다.
kein은 관사의 한 종류이기 때문에 명사 앞에 붙여서 해당 명사를 부정해요.
명사의 성별에 따라서 kein 뒤에 아무것도 안 붙기도 하고 (중성일 때),
e가 붙기도 하고 (여성일 때), en이 붙기도 한답니다(남성일 때).
지금은 명사의 성별에 너무 신경 쓸 필요 없이, 아래 문장들을 보며 편하게 따라 읽어 보아요.

Ich habe kein Fieber.
[이ㅎ 하-베 카인 피(f)-바]

나 열 안 나.

Ich habe keine Zeit.
[이ㅎ 하-베 카이네 ㅊ짜이트]

나 시간 없어.

Ich habe keinen Stress.
[이ㅎ 하-베 카이넨 슈트레씨]

나 스트레스 안 받아.

kein으로 이런 표현도 가능해요

일상 회화에서 정말 많이 쓰는 표현들이랍니다.

"Keine Angst!" 두려워 하지 마! "Keine Zeit!" 시간 없어! (= 서둘러!)

"Kein(en) Stress!" 스트레스 받지 마!

*문법상 keinen이 맞지만 구어체에서는 간단히 kein이라고 말해요.

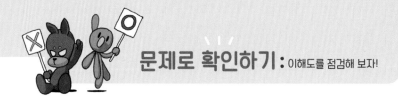

1. haben 동사가 주어 ich와 만날 때 어떻게 변하는지, 주어와 함께 써 보세요.

➡ _____

2. 다음 단어들을 순서에 맞게 배열하세요. (동사는 주어에 맞게 변형시키세요.)

① ich / haben / Hunger   ➡ _____ (나 배고파.)

② haben / ich / Durst   ➡ _____ (나 목말라.)

③ ich / Angst / haben   ➡ _____ (나 무서워.)

3. 다음 단어를 활용하여 문장을 만드세요.

Stress	Fieber	keine
Zeit		kein

① 나 시간 없어.   ➡ _____ .

② 나 스트레스 받아.   ➡ _____ .

③ 나 열 안 나.   ➡ _____ .

8과

나는 숙제를 해.

Ich mache Hausaufgaben.

이흐   마크헤   하우ㅅ아우f가-벤

🎧 8-0.mp3   무방비 상태로 3번씩 들어 보기 👂   무슨 뜻일까요?

Ich mache Hausaufgaben.

Ich mache Feierabend.

Ich mache Pause.

내가 하고 있는 것에 대해 표현할 수 있어요.

책을 펼치고
동영상 강의를 보면서
학습을 시작합니다.

 × ×

동영상 강의 보기   mp3 파일 듣기

🎧 8-1.mp3

나는 ~을 해.

이ㅎ   마ㅋ헤

Ich mache ~.

'~을 하다, 만들다' 라는 의미의 machen 동사를 써서
내가 지금 하고 있는 일을 표현할 수 있어요.

Ich mache Hausaufgaben.

나는 숙제를 해.

[이ㅎ 마ㅋ헤 하우ㅅ아우f가-벤]

Ich mache Feierabend.

나 퇴근해.

[이ㅎ 마ㅋ헤 파(f)이야아-벤ㅌ]

Ich mache Pause.

나 쉬고 있어.

[이ㅎ 마ㅋ헤 파우제(z)]

단어   **machen** [마ㅋ흔] ~을 하다, 만들다 (주어 ich를 만나면 mache) ㅣ **die Hausaufgaben** (복수) 숙제, 과제 ㅣ **der Feierabend** 퇴근, 자유 시간 ㅣ **die Pause** 휴식, 멈춤, 쉬는 시간

56

문장 파헤치기 : 파헤치면 이해된다!

주어   동사   목적어

Ich + mache + _____ .

machen 동사의 두 가지 의미

독일어의 machen 동사는 언뜻 보면 모양이 영어의 make (만들다) 동사와 비슷하죠? machen 동사는 '~을 만들어 내다'라는 뜻인데요. 뒤에 어떤 목적어를 넣느냐에 따라서 진짜 뭔가를 만든다기보다는 '~을 한다, 하는 중이다'라는 의미일 때도 많습니다. 아래 두 문장을 비교해 볼까요?

❶ Ich mache ein Lied. [이흐 마ㅋ헤 아인 리-ㅌ] "나는 노래를 만들어."

❷ Ich mache Musik. [이흐 마ㅋ헤 무지(z)ㅋ] "나는 음악을 해."

같은 machen 동사를 사용했지만, 첫번째 문장은 곡을 만들고 있다는 의미이고, 두번째 문장은 음악을 연주한다는 의미입니다.

단어   **das Lied** 노래, 곡 | **die Musik** 음악

발음 클리닉   강의 또는 음성을 들으면서 따라 하면 더 쉬워요!

mache [마ㅋ헤]	Musik [무지(z)ㅋ]
6과에서 배웠던 auch 기억 나시나요? auch처럼 mache에서 ch 발음도 목을 '크허어~'하고 긁으며 내는 소리예요.	독일어 단어에는 '강세'라는 것이 있는데요, 강조하고자 하는 부분의 음을 살짝 올려서 읽는 것입니다. Musik은 sik에 강세가 있기 때문에, '무'보다 '지(z)ㅋ'할 때 반음 정도 올라가게끔 읽어요.

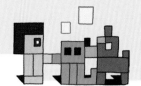

🎧 8-2.mp3

나는 [   ]을 해.

이흐   마크헤
Ich mache [   ].

❶ Yoga
[요-가]
나는 요가를 해. ((🗣

❷ Mittagessen
[밑탁에쓴]
나 점심밥 준비해. ((🗣

❸ Sport
[슈뽀어ㅌ]
나 운동해. ((🗣

❹ Urlaub
[우얼라웊]
나 휴가 가. ((🗣

단어   **das Yoga** 요가 | **das Mittagessen** 점심식사 @ **das Abendessen** [아–벤ㅌ에쓴] 저녁식사, **das Frühstück** [프(f)뤼–슈튘] 아침식사 | **Sport machen** 운동하다 | **der Urlaub** 휴가, 휴일

발음   독일어 알파벳 y의 발음은 [위]와 비슷하지만, Yoga와 같은 외래어는 원래 발음을 그대로 살려서 읽어요.

🎧 8-3.mp3

나는 내일 숙제를 할 거야.

이ㅎ 마ㅋ헤 모어겐 하우ㅅ아우f가-벤

Ich mache morgen Hausaufgaben.

우리가 지금까지 배운 문장들에 morgen 하나만 넣으면,
지금 당장이 아니라 '내일' 할 거라는 의미가 됩니다.
동사의 시제를 바꾸거나 문장을 건드릴 필요도 없이,
동사 뒤에 morgen만 추가하면 끝!

Ich mache morgen Yoga.
[이ㅎ 마ㅋ헤 모어겐 요-가]

나는 내일 요가를 할 거야.

Ich mache morgen Sport.
[이ㅎ 마ㅋ헤 모어겐 슈뽀어ㅌ]

나 내일 운동할 거야.

Ich mache morgen Urlaub.
[이ㅎ 마ㅋ헤 모어겐 우얼라웊]

나 내일 휴가야.

Tip 반대로 '지금 바로 이 순간' 뭔가 하고 있다는 것을 강조하려면 morgen 대신에 gerade[게라-데]를 넣으면
돼요. "Ich mache gerade Pause(나 지금 막 쉬는 중이야)."라고 하면 정말 휴식 시간의 한복판에 있는
듯한 느낌이에요.

단어 morgen 내일 | gerade 지금 막, 바로, 때마침

59

1. machen 동사가 주어 ich와 만날 때 어떻게 변하는지, 주어와 함께 써 보세요.

⇨ _____

2. 다음 단어들을 순서에 맞게 배열하세요. (동사는 주어에 맞게 변형시키세요.)

❶ machen / Hausaufgaben / ich

⇨ _____ (나는 숙제를 해.)

❷ Sport / ich / machen

⇨ _____ (나 운동해.)

❸ ich / Mittagessen / machen

⇨ _____ (나 점심밥 준비해.)

3. 다음 단어를 활용하여 문장을 만드세요.

gerade	Yoga	Pause
morgen		Urlaub

❶ 나 내일 휴가야. ⇨ _____ .

❷ 나 지금 막 요가하는 중이야. ⇨ _____ .

❸ 나 쉬고 있어. ⇨ _____ .

9과

나는 감자튀김을 먹어.

Ich esse Pommes.

이히　　　에쎄　　　　포메스

🎧 9-0.mp3　　　　무방비 상태로 3번씩 들어 보기 👂　　　무슨 뜻일까요?

Ich esse Pommes.

Ich esse einen Döner.

Ich esse Suppe.

내가 먹고 있는 것을 표현할 수 있어요.

책을 펼치고
동영상 강의를 보면서
학습을 시작합니다.

 동영상 강의 보기　×　 mp3 파일 듣기　×

🎧 9-1.mp3

나는 ~을 먹어.

이ㅎ 에쎄

Ich esse ~.

먹는 거 좋아하는 분들 다 모이세요! 'Ich esse' 뒤에 음식 이름만 붙이면
'나는 ~을 먹는다' 라는 뜻이 됩니다.

Ich esse Pommes.
[이ㅎ 에쎄 포메스]

나는 감자튀김을 먹어.

Ich esse einen Döner.
[이ㅎ 에쎄 아이넨 되-나]

나는 되너(케밥)을 먹어.

Ich esse Suppe.
[이ㅎ 에쎄 주(z)페]

나는 수프를 먹어.

 단어   essen [에쎈] ~을 먹다 (주어 ich를 만나면 esse) ㅣ die Pommes(항상 복수) 감자튀김 ㅣ der Döner
터키식 되너 (= 케밥) ㅣ die Suppe 수프

문법 확인하기

주어   동사   목적어

Ich + esse + _____ .

음식 이름에 ein을 붙일까? 안 붙일까?

앞의 세 문장을 보면서 의아한 점, 없으셨나요? Pommes와 Suppe는 그대로 쓰는데, Döner 앞에는 einen이 붙어 있죠? einen의 원래 모양은 ein인데요. 영어의 a, an에 해당해요. 음식 이름 앞에 ein이 붙고 안 붙고는 해당 음식이 셀 수 있는 명사냐, 셀 수 없는 명사냐에 달려 있어요. 음식을 셀 수 있다, 없다고 구분 짓는 것 자체가 우리에겐 낯선 일이지만, 독어권과 영어권을 비롯한 서구 언어권에서는 흔한 일이에요.

독일어에서 수프는 셀 수 없지만, 되너는 셀 수 있다고 봐요. 그래서 Suppe에는 ein을 붙이지 않고, Döner에는 ein을 붙여요. 그럼 감자튀김은요? 셀 수는 있지만, 항상 복수로 취급합니다. (감자튀김 낱개로 딱 한 개만 드시는 분 없죠?) 영어에서도 복수 명사에는 a, an을 붙이지 않듯이 Pommes에는 ein이 붙지 않아요.

음식점에서 주문할 때는 예외

독일 음식점에서 주문하는 상황에서는 Suppe처럼 셀 수 없는 명사라도 ein을 붙여서 eine Suppe라고 부르는 일이 흔합니다. 한국어처럼 "수프 하나 주세요."라고 하는 거죠. 음식을 주문하는 법과 ein의 더 자세한 쓰임이 알고 싶다면, PART 4의 28과 〈문장 파헤치기〉를 미리 공부하고 오셔도 좋습니다!

발음 클리닉   강의 또는 음성을 들으면서 따라 하면 더 쉬워요!

# Döner [되-나]	# Suppe [주(z)페]
ö(오 움라우트) 발음을 연습해 볼까요? 입모양은 알파벳 o를 발음할 때와 같이 동그랗게 말고 고정. 입모양을 고정시킨 상태에서 입 안의 혀만 움직여서 억지로 '외' 소리를 내 보세요.	Döner는 '되–' 부분을 길게 늘여서 읽어야 제 맛이라면, 이 단어는 '주(z)' 부분을 짧게 치고 지나가듯 발음해야 느낌이 살아요. 독일어는 긴 발음과 짧은 발음의 차이가 한국어보다 도드라져요.

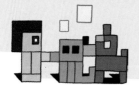

🎧 9-2.mp3

나는 [　] 을 먹어.

이ㅎ 에쎄
Ich esse [　　　].

❶ **Obst**
[옵ㅅㅌ]

나는 과일을 먹어. (((😊

❷ **Fleisch**
[플(f)라이쉬]

나는 고기를 먹어. (((😊

❸ **Abendbrot**
[아-벤ㅌ브로-ㅌ]

나 (간단한) 저녁 먹어. (((😊

❹ **ein Eis**
[아인 아이ㅅ]

나는 아이스크림을 먹어. (((😊

단어 **das Obst** 과일 ┊ **das Fleisch** 고기 ⓟ **das Rindfleisch** [린ㅌ플(f)라이쉬] 소고기, **das Schweinefleisch** [슈바(v)이네플(f)라이쉬] 돼지고기 ┊ **das Abendbrot** (빵 위주의 간단한) 저녁 식사 ┊ **das Eis** 아이스크림

발음 ei 조합은 [아이]였죠? 발음 복습하는 의미에서 함께 읽어 볼까요?
Tut mir leid. [툳 미어 라이ㅌ] (3과), **Zeit** [ㅊ짜이ㅌ] (7과), **Feierabend** [파(f)이야아ㅡ벤ㅌ] (8과).

64

🎧 9-3.mp3

나는 감자튀김을 즐겨 먹어.

이ㅎ   에쎄   게아네   포메ㅅ

Ich esse gerne Pommes.

2과에서 '기꺼이'라는 의미로 배웠던 gerne를 이렇게도 활용할 수 있어요.
essen 동사 뒤에 gerne를 넣으면 '～을 기꺼이/즐겨 먹는다',
즉 좋아한다는 의미가 되지요.

Ich esse gerne Fleisch.
[이ㅎ 에쎄 게아네 플(f)라이쉬]

나는 고기를 즐겨 먹어.

Ich esse gerne Obst.
[이ㅎ 에쎄 게아네 옵ㅅㅌ]

나는 과일을 즐겨 먹어.

Ich esse gerne (ein) Eis.
[이ㅎ 에쎄 게아네 (아인) 아이ㅅ]

나는 아이스크림을 즐겨 먹어.

 Tip   'Ich esse gerne…' 표현에서는 음식 이름이 Döner, Eis처럼 셀 수 있는 명사라도 관사를 전부 생략해
버리는 게 더 자연스러워요.

1. essen 동사가 주어 ich와 만날 때 어떻게 변하는지, 주어와 함께 써 보세요.

➡ _____

2. 다음 단어들을 순서에 맞게 배열하세요. (동사는 주어에 맞게 변형시키세요.)

❶ ich / Pommes / essen

➡ _____ (나는 감자튀김을 먹어.)

❷ einen / ich / essen / Döner

➡ _____ (나는 되너를 먹어.)

❸ Abendbrot / essen / ich

➡ _____ (나 (간단한) 저녁 먹어.)

3. 다음 단어를 활용하여 문장을 만드세요.

Suppe	gerne
Obst	Eis

❶ 나는 아이스크림을 즐겨 먹어.   ➡ _____ .

❷ 나는 수프를 먹어.   ➡ _____ .

❸ 나는 과일을 즐겨 먹어.   ➡ _____ .

10과

나는 맥주를 마셔.

Ich trinke Bier.

이흐 　　　트링케 　　　비-아

🎧 10-0.mp3 　　　무방비 상태로 3번씩 들어 보기 👂 　　　무슨 뜻일까요?

Ich trinke Bier.

Ich trinke Limo.

Ich trinke Wasser.

내가 마시고 있는 것을 표현할 수 있어요.

책을 펼치고
동영상 강의를 보면서
학습을 시작합니다.

동영상 강의 보기 　　× 　　 mp3 파일 듣기 　　×

🎧 10-1.mp3

나는 ~을 마셔.

이흐　　　트링케

Ich trinke ~.

드디어 우리가 사랑하는 맥주에 대해 독일어로 말할 수 있는 순간이 왔습니다!
미성년자, 비음주자 분들도 실망하지 마세요. 무알콜 음료도 많이 준비했으니까요!

Ich trinke Bier.
[이흐 트링케 비-아]

나는 맥주를 마셔.

Ich trinke Limo.
[이흐 트링케 리-모]

나는 과일 에이드를 마셔.

Ich trinke Wasser.
[이흐 트링케 바(v)써]

나는 물을 마셔.

단어　trinken [트링켄] ~을 마시다 (주어 ich를 만나면 trinke) | das Bier 맥주 | die Limo 과일 에이드 (레몬, 오렌지 등 과일 시럽에 탄산이 들어간 음료) | das Wasser 물

발음　Bier를 [비-아]라고 읽는 이유는 ie 조합이 [이-] 하고 긴 소리(장음)가 나기 때문이랍니다.

68

문법 확인하기

주어   동사   목적어

Ich + trinke + _____ .

콕 집어서 "음료 '한 잔/컵'을 마신다"고 할 때는 이렇게!

9과에서 한 개 두 개 셀 수 없는, 혹은 세기 곤란한 음식 이름 앞에는 관사(예: einen)를 붙이지 않는다고 했는데요. 음료 이름도 마찬가지랍니다. 그런데 카페나 음식점에서 음료를 주문하는 상황에서는 콕 집어서 "~음료 한 잔이요!" 하고 말할 필요가 있겠죠. 이럴 때는 'eine Tasse [아이네 타쎄] + 음료 이름', 혹은 'ein Glas [아인 글라-ㅅ] + 음료 이름'이라고 하면, 각각 '음료 한 잔', '음료 한 컵/잔' 이라는 의미가 됩니다. 전자는 커피, 차 등 따뜻한 음료에 쓰시고요. 후자는 주스, 물 등 시원한 음료에 쓰시면 돼요.

자, 그럼 "나는 맥주 한 잔을 마신다."를 독일어로 말해 볼까요?

정답 Ich trinke ein Glas Bier.

그런데 정작 원어민들은 음료 주문할 때…

재미 있는 점은, 독일 사람들은 eine Tasse, ein Glas 등의 단위를 쓰지 않고 음료 이름에 ein을 붙여 ein Bier (맥주 하나), eine Limo (과일 에이드 하나) 하는 식으로 간단하게 표현하는 경우가 흔하다는 거예요. ein에 대해서는 PART 4에서 더 자세히 알아 봅시다!

발음 클리닉   강의 또는 음성을 들으면서 따라 하면 더 쉬워요!

ich [이ㅎ]	Wasser [바(v)쌔]
ich 발음이 슬슬 희미해질 타이밍인 것 같으니 다시 한번 복습해 봅시다. '이~'하면서 입을 옆으로 바짝 찢은 뒤 바람 빠지는 소리 '히~'로 마무리! '히'라는 글자를 읽기보다는, 입을 '이~'하고 벌린 채 이 사이로 바람만 'ㅎ~'하고 빠지는 듯 발음하는 게 좋아요.	'물'이라는 의미의 영어 단어 water와 모양이 비슷한 Wasser. 독일어 알파벳 w는 영어의 v와 같은 발음이라는 걸 잊지 마시고, 행여나 [와쌔]라고 읽지 않게 주의하세요!

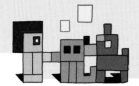

🎧 10-2.mp3

나는 [   ]을 마셔.

이흐   트링케
Ich trinke [   ].

❶ (ein Glas) Cola
[(아인 글라-ㅅ) 코-ㄹ라]

나는 콜라 (한 컵을) 마셔.

❷ (ein Glas) Wein
[(아인 글라-ㅅ) 바(v)인]

나는 와인 (한 잔을) 마셔.

❸ (ein Glas) O-Saft
[(아인 글라-ㅅ) 오-자(z)프(f)ㅌ]

나는 오렌지주스 (한 컵을) 마셔.

❹ (eine Tasse) Tee
[(아이네 타쎄) 테-]

나는 차 (한 잔을) 마셔.

단어   **das Glas** 유리컵, 술잔 ǀ **die Cola** 콜라 ǀ **der Wein** 와인 참 **der Rotwein** [로-ㅌ바(v)인] 레드와인,
der Weißwein [바(v)이ㅆ바(v)인] 화이트와인 ǀ **der O-Saft** 오렌지주스 (Orangensaft [오랑젠자(z)프
(f)ㅌ]의 준말) ǀ **die Tasse** 찻잔, 커피잔 ǀ **der Tee** 마시는 차

70

하나만 더! : 이것만 더하면 새로운 문장을 말할 수 있다!

🎧 10-3.mp3

나는 맥주를 많이 마셔.

이ㅎ　　　트링케　　　피(f)-ㄹ　　　비-아

Ich trinke viel Bier.

'많다'라는 의미의 viel을 trinken 동사 뒤에 넣으면 '어떤 음료를 많이 마신다'는 의미로 업그레이드 됩니다.
이때는 음료 이름 앞에 더 이상 ein Glas, eine Tasse를 붙일 필요가 없어요.
(한 잔만 마실 게 아니기 때문에….)

Ich trinke viel Wasser.
[이ㅎ 트링케 피(f)-ㄹ 바(v)싸]

나는 물을 많이 마셔.

Ich trinke viel Tee.
[이ㅎ 트링케 피(f)-ㄹ 테-]

나는 차를 많이 마셔.

Ich trinke viel.
[이ㅎ 트링케 피(f)-ㄹ]

나는 술을 많이 마셔.

Tip 목적어 없이 "Ich trinke viel."이라고 하면 관용적으로 술을 많이 마신다는 의미가 됩니다. 나아가 "Ich trinke zu viel."이라고 하면 술을 지나치게 너무 많이 마신다는 뜻이에요.

단어 zu [ㅊ쭈] 너무 (영어의 too에 해당)

71

문제로 확인하기 : 이해도를 점검해 보자!

1. trinken 동사가 주어 ich와 만날 때 어떻게 변하는지, 주어와 함께 써 보세요.

➡ _____

2. 다음 단어들을 순서에 맞게 배열하세요. (동사는 주어에 맞게 변형시키세요.)

① ich / Bier / trinken

➡ _____ (나는 맥주를 마셔.)

② O-Saft / ich / trinken

➡ _____ (나는 오렌지주스를 마셔.)

③ trinken / ich / Wasser

➡ _____ (나는 물을 마셔.)

3. 다음 단어를 활용하여 문장을 만드세요.

Wein	ein	eine
viel	Tasse	Glas

① 나는 와인 한 잔을 마셔.   ➡ _____ .

② 나는 와인을 많이 마셔.   ➡ _____ .

③ 나는 차 한 잔을 마셔.   ➡ _____ .

72

11과

나는 축구를 봐.

Ich schaue Fußball.

이히　　　　　샤우어　　　　　푸(f)-쓰발

🎧 11-0.mp3　　　　무방비 상태로 3번씩 들어 보기 👂　　　무슨 뜻일까요?

Ich schaue Fußball.

Ich schaue Fernsehen.

Ich schaue Nachrichten.

내가 보고 있는 것을 표현할 수 있어요.

책을 펼치고
동영상 강의를 보면서
학습을 시작합니다.

 　×　 　×　

동영상 강의 보기　　　mp3 파일 듣기

직접 말해 보기 : 입과 표정 준비 완료!

🎧 11-1.mp3

나는 ~을 봐.

이ㅎ   샤우어

Ich schaue ~.

'~를 보다, 시청하다'라는 의미의 schauen 동사를 활용해
내가 지금 보고 있는 것, 내가 즐겨 보는 것에 대해 이야기를 나눌 수 있어요.

Ich schaue Fußball.

[이ㅎ 샤우어 푸(f)-ㅆ발]

나는 축구를 봐.

Ich schaue Fernsehen.

[이ㅎ 샤우어 페(f)안제(z)-엔]

나는 텔레비전을 봐.

Ich schaue Nachrichten.

[이ㅎ 샤우어 나ㅋㅎ리ㅎ튼]

나는 뉴스를 봐.

단어 schauen [샤우언] ~을 보다, 시청하다, 관람하다 (주어 ich를 만나면 schaue) ┃ der Fußball 축구 ┃
das Fernsehen 텔레비전 참 der Fernseher [페(f)안제(z)아] 텔레비전이라는 전자기기 자체를 가리킴
("Ich schaue Fernseher."라고는 쓰지 않음) ┃ die Nachrichten (복수) 뉴스

74

문법 확인하기

주어   동사   목적어

Ich + schaue + _____ .

'~을 보다'라는 의미의 다양한 동사들

영어에는 see, look, watch 등 '보다'라는 의미인 다양한 단어들이 있는데요. schauen은 굳이 따지자면 look이나 watch에 가깝습니다. see에 해당하는 독일어 단어로는 sehen [제(z)-은] 이 있어요. 영어의 see와 비슷하게 생겼죠?

그런데 독일 남부 지방에서는 sehen을 써야 할 자리에 schauen을 쓰기도 해요. 여러분이 앞으로 독일어를 점점 더 잘하게 되고 고급 독일어를 배우게 되면 이런 사소한 차이까지도 알게 될 거예요. 그 때까지 우리 포기하지 말고 열심히 해 봅시다!

발음 클리닉   강의 또는 음성을 들으면서 따라 하면 더 쉬워요!

schauen [샤우언]	Nachrichten [나ㅋㅎ리ㅎ튼]
2과에서 처음 등장한 sch 조합은 바람이 많이 들어간 [슈] 발음이라고 배웠죠? schauen 끝의 -en은 원래대로라면 [엔] 발음이겠지만, 원어민 발음을 들어보면 [언]과 [은] 중간 어디쯤의 발음에 더 가깝게 들려요.	먼저 나오는 '나ㅋㅎ'에서 'ㅋㅎ(ch)' 발음은 목을 '크어어~' 긁어서 내는 소리이고, 두 번째 '리ㅎ'에서 'ㅎ(ch)' 발음은 입을 옆으로 찢어서 '히~' 하고 바람이 빠지는 소리예요.

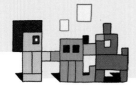

🎧 11-2.mp3

나는 [   ]을 봐.

이히   샤우어
Ich schaue [   ].

❶ einen Film
[아이넨 피(f)ㄹㅁ]

나는 영화를 봐.

❷ eine Serie
[아이네 제(z)-리어]

나는 시리즈물을 봐.

❸ einen Livestream
[아이넨 라이브(v)스트림]

나는 라이브스트림을 봐.

단어 **der Film** 영화 ｜ **die Serie** 시리즈물 (Netflix-Serie 등) ｜ **der Livestream** 라이브스트림 (줄여서 Stream)

Tip 바로 앞에서 배운 '축구를 보다 (Fußball schauen)', '텔레비전을 보다 (Fernsehen schauen)' 등은 관용적 표현이어서 관사를 쓰지 않았지만, 여기 나오는 표현들은 관사를 쓰는 게 원칙이에요.

하나만 더! : 이것만 더하면 새로운 문장을 말할 수 있다!

🎧 11-3.mp3

나는 집에서 축구를 봐.

이흐   샤우어   츠쭈하우제(z)   푸(f)-쓰발

Ich schaue zuhause Fußball.

'집에서'라는 의미의 zuhause를 동사 바로 뒤에 넣으면
'집에서 ~을 보다'로 만들 수 있어요.
독일에도 집순이, 집돌이들이 아주 많답니다!

Ich schaue zuhause einen Film.
나는 집에서 영화를 봐.
[이흐 샤우어 츠쭈하우제(z) 아이넨 피(f)름]

Ich schaue zuhause Nachrichten.
나는 집에서 뉴스를 봐.
[이흐 샤우어 츠쭈하우제(z) 나크ㅎ리흐튼]

Ich schaue zuhause eine Serie.
나는 집에서 시리즈물을 봐.
[이흐 샤우어 츠쭈하우제(z) 아이네 제(z)-리어]

Plus

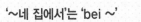

'~네 집에서'는 'bei ~'

zuhause라고 하면 기본적으로 '우리집에서'라는 의미인데요. '~네 집에서'라고 표현하려면 'bei 누구' 이런 식으로 전치사(영어의 at, by 등과 같은 것) bei[바이]를 써 주면 됩니다. "Ich schaue bei Chris einen Film." 하면 "나 크리스네 집에서 영화 봐."라는 의미가 되는 것이죠!

77

문제로 확인하기 : 이해도를 점검해 보자!

1. schauen 동사가 주어 ich와 만날 때 어떻게 변하는지, 주어와 함께 써 보세요.

➡ _____

2. 다음 단어들을 순서에 맞게 배열하세요. (동사는 주어에 맞게 변형시키세요.)

① Nachrichten / schauen / ich

➡ _____ (나는 뉴스를 봐.)

② schauen / Fußball / ich

➡ _____ (나는 축구를 봐.)

③ Fernsehen / ich / schauen

➡ _____ (나는 텔레비전을 봐.)

3. 다음 단어를 활용하여 문장을 만드세요.

Netflix-Serie	zuhause	bei	Film
Emily	Livestream		einen

① 나는 에밀리네 집에서 넷플릭스 시리즈를 봐. ➡ _____ .

② 나는 집에서 라이브스트림을 봐. ➡ _____ .

③ 나는 영화를 봐. ➡ _____ .

78

12과

나는 수영하러 가.

Ich gehe schwimmen.

이흐   게-어   슈비(v)ㅁ믄

🎧 12-0.mp3   무방비 상태로 3번씩 들어 보기 👂   무슨 뜻일까요?

Ich gehe schwimmen.

Ich gehe spazieren.

Ich gehe shoppen.

내가 가는 곳, 하러 가는 일을 표현할 수 있어요.

책을 펼치고
동영상 강의를 보면서
학습을 시작합니다.

 × ×

동영상 강의 보기   mp3 파일 듣기

직접 말해 보기 : 입과 표정 준비 완료!

🎧 12-1.mp3

나는 ~하러 가.

이ㅎ　게-어

Ich gehe ~.

'~하러 가다'라는 표현을 아주 간단하게 만들 수 있어요.
전치사를 활용해 어떤 목적지를 향해 '~에 가다'라는 표현도 가능합니다.

Ich gehe schwimmen.

[이ㅎ 게-어 슈비(v)ㅁ믄]

나는 수영하러 가.

Ich gehe spazieren.

[이ㅎ 게-어 슈빠ㅊ찌-언]

나는 산책하러 가.

Ich gehe shoppen.

[이ㅎ 게-어 쇼펜]

나는 쇼핑하러 가.

단어　gehen [게-은] 가다, 걸어가다 (주어 ich를 만나면 gehe) ｜ schwimmen 수영하다 ｜ schlafen 자다 ｜
shoppen 쇼핑하다

발음　schwimmen의 'sch', spazieren의 's', shoppen의 'sh'는 각각 생긴 모양은 다르지만 모두 [슈]라고 발
음해요. 'sch'랑 'sh'는 생긴 게 저러니 이해가 가지만, spazieren의 's'는 대체 왜 그런 소리가 나는지 의아
하시죠? 발음 클리닉에서 더 자세히 알아 봐요!

80

문장 파헤치기 : 파헤치면 이해된다!

주어　　　　동사　　　　　　목적어

Ich + gehe + _____ .

gehen(가다) + 동사원형 = ~하러 가다
'Ich gehe (나는 간다)' 뒤에 동사원형 그대로 갖다 붙이기만 하면 '나는 ~을 하러 간다'는 문장이 완성
돼요! 회화를 할 때 정말 유용한 표현이니 마음껏 활용하시길 바랍니다.

Ich + gehe + 전치사 + 장소 = ~에 가다
전치사를 이용해 '어떤 장소에 가다'라는 문장도 만들어 볼 텐데요. 갑자기 전치사라는 문법 용어가 나와
서 당황하셨을지도 모르겠어요. 영어의 at, by, in 등처럼 명사와 함께 나와서 장소, 시간, 목적 따위를
나타내는 작은 단어들 있죠? 그게 전치사랍니다. 이번 과에서는 '~에'라는 의미의 장소를 나타내는 전치
사 zu와 nach 딱 두 개만 배울 거니까 걱정하지 마세요!

발음 클리닉　　강의 또는 음성을 들으면서 따라 하면 더 쉬워요!

gehe [게-어]	spazieren [슈빠ㅊ찌-언] 또는 [슈빠ㅊ찌-어른]
중간에 있는 h는 앞에 나오는 모음 e를 길게 늘여주는 역할만 하고 소리는 나지 않는 묵음입니다. 동사원형인 gehen [게-은] 에서도 마찬가지랍니다.	단어 맨 앞에 'sp' 또는 'st' 조합이 나오면 s가 [슈]로 발음됩니다. 즉, spazieren의 'spa' 부분만 보면 [스파]가 아니라 [슈빠] 라고 발음하는 거죠. (이 때 p도 좀 더 된소리가 나게 바뀌어요.) 또한 -ieren으로 끝나는 단어의 경우 [이어른] 또는 [이-언] 두 가지 발음이 모두 가능한데요. 후자가 좀 더 구어체입니다.

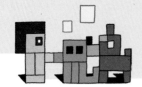
🎧 12-2.mp3

나는 ☐ 에 가.

이ㅎ 게-어
Ich gehe ☐ .

❶ **zur Schule**
　[츠쭈어 슈-ㄹ레]

나는 학교에 가. (((😄

❷ **zur Arbeit**
　[츠쭈어 아-바이ㅌ]

나는 직장에/일하러 가. (((😄

❸ **zur Uni**
　[츠쭈어 우니]

나는 대학에 (수업 들으러) 가. (((😄

❹ **nach Hause**
　[나ㅋㅎ 하우제(z)]

나는 집에 가. (((😄

단어 | **die Schule** 초·중·고등학교 | **die Arbeit** 일, 직장 | **die Uni** 대학 (die Universität [우니베(v)아지(z)태-ㅌ] 의 줄임말) | **nach Hause** 집으로 (관용구) 참 zuhause [츠쭈하우제(z)] 집에서

Tip | zur는 전치사 zu에 정관사 der가 합쳐진 형태예요. zu 뒤에 오는 명사가 남성이거나 중성이면 zum (zu+dem)이라고 쓰는데, 위 예문에 등장한 Schule, Arbeit, Uni 등은 모두 여성 명사라서 zur가 되었습니다.

🎧 12-3.mp3

나는 혼자 수영하러 가.

이ㅎ   게-어   알라인   슈비(v)ㅁ믄
Ich gehe allein schwimmen.

영어의 alone과 비슷하게 생긴 allein은 '혼자, 혼자서'라는 의미의 단어예요.
뭐든지 혼자 하는 거 좋아하는 저 같은 분들, 분명히 계시죠?

Ich gehe allein nach Hause.
[이ㅎ 게-어 알라인 나ㅋㅎ 하우제(z)]

나는 혼자 집에 가.

Ich gehe allein spazieren.
[이ㅎ 게-어 알라인 슈빠ㅊ찌-언]

나는 혼자 산책하러 가.

Ich gehe allein zur Schule.
[이ㅎ 게-어 알라인 ㅊ쭈어 슈-ㄹ레]

나는 혼자 학교에 가.

'친구들이랑 같이' 간다고 하려면?

allein을 빼고 mit Freunden [밑 프(f)로인든]을 넣으면 '친구들과 함께'라는 의미가 됩니다. '친구 한 명이랑 간다'고 할 때에는 mit einem Freund [밑 아이넴 프(f)로인트] (친구가 남자일 때), mit einer Freundin [밑 아이나 프(f)로인딘] (친구가 여자일 때)라고 하면 돼요.

단어 mit ~와 함께 | die Freundin 친구(여성) | der Freund 친구(남성)

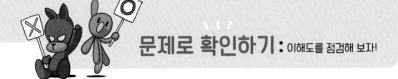

1. gehen 동사가 주어 ich와 만날 때 어떻게 변하는지, 주어와 함께 써 보세요.

➡ _____

2. 다음 단어들을 순서에 맞게 배열하세요. (동사는 주어에 맞게 변형시키세요.)

❶ **ich / schwimmen / gehen** ➡ _____ (나는 수영하러 가.)

❷ **spazieren / ich / gehen** ➡ _____ (나는 산책하러 가.)

❸ **shoppen / gehen / ich** ➡ _____ (나는 쇼핑하러 가.)

3. 다음 단어를 활용하여 문장을 만드세요.

nach Hause	mit Freunden	zur
Uni	allein	Arbeit

❶ 나는 혼자 집에 가. ➡ _____ .

❷ 나는 친구들이랑 같이 쇼핑하러 가. ➡ _____ .

❸ 나는 대학에 (수업 들으러) 가. ➡ _____ .

❹ 나는 혼자 일하러 가. ➡ _____ .

13과

학습일 : 월 일

나는 고양이를 좋아해.

Ich mag Katzen.

이흐   마-ㅋ   캍ㅊ쯘

🎧 13-0.mp3   **무방비 상태로 3번씩 들어 보기** 👂   무슨 뜻일까요?

Ich mag Katzen.

Ich mag Frühling.

Ich mag die Jacke.

내가 좋아하는 것에 대해 표현할 수 있어요.

책을 펼치고
동영상 강의를 보면서
학습을 시작합니다.

 × ×

동영상 강의 보기   mp3 파일 듣기

직접 말해 보기 : 입과 표정 준비 완료!

🎧 13-1.mp3

나는 ~을 좋아해.

이흐   마-ㅋ

Ich mag ~.

'~을 좋아하다'라는 의미의 mögen 동사를 활용해
내가 좋아하는 대상, 활동, 행위 등에 대해 이야기할 수 있어요.

Ich mag Katzen.

[이흐 마-ㅋ 캍츠쯘]

나는 고양이를 좋아해.

Ich mag Frühling.

[이흐 마-ㅋ 프(f)뤼-링]

나는 봄을 좋아해.

Ich mag die Jacke.

[이흐 마-ㅋ 디 야케]

나는 이 자켓을 좋아해. / 그 자켓이 마음에 들어.

단어 mögen [뫼-겐] ~을 좋아하다 (주어 ich를 만나면 mag으로 모양이 완전히 변하는 것에 주의) **die Katze** 고양이 (비교) **der Hund** 개 **der Frühling** 봄 참 **der Sommer** [조(z)ㅁ마] 여름, **der Herbst** [헤압ㅅ티] 가을, **der Winter** [빈(v)타] 겨울 **die Jacke** 재킷

발음 독일어의 j는 영어의 y와 같은 소리가 난답니다. Jacke가 [쟈케]가 아닌 [야케]라고 발음하는 이유죠.

86

문장 파헤치기 : 파헤치면 이해된다!

주어   동사   목적어

Ich + mag + _____ .

좋아하는 것, 마음에 드는 것

앞에서 나온 예문 "Ich mag die Jacke."는 두 가지로 해석이 될 수 있는데요. 첫번째는 내가 늘 즐겨 입는, 가장 좋아하는 재킷을 두고 하는 말일 수도 있고요. 두번째는 옷가게에 걸려 있는, 혹은 다른 사람이 입고 있는 재킷을 보고 그것이 내 마음에 든다는 뜻으로 하는 말일 수도 있어요. 상황과 문맥에 따라 이해하면 되겠죠?

동사를 명사로 만들어서 목적어 자리에 넣어 보자!

목적어 자리에는 고양이(Katzen), 여름(Sommer) 등의 일반명사나 '너를(dich)'같은 대명사처럼 명사 꼴의 단어가 와야 하는데요. 그렇다면 '수영하다(schwimmen)' 같은 동사를 목적어 자리에 넣는 것은 절대로 불가능할까요? 동사를 명사 꼴로 바꾸면 얼마든지 가능합니다. 아니, 동사를 명사로 어떻게 바꾸냐고요? 정말 간단해요. 동사의 첫 글자를 대문자로 바꿔주면 됩니다. schwimmen ⇒ das Schwimmen 이렇게요! (명사화된 동사의 성별은 항상 중성입니다.)

예를 들어, tanzen [탄츤] (춤 추다) 동사를 명사화해 das Tanzen (춤 추는 것)으로 바꾸고, 'ich mag ~' 문장의 목적어로 넣으면 "Ich mag Tanzen. (나는 춤 추는 것을 좋아해.)"가 되는 것이지요!

강의 또는 음성을 들으면서 따라 하면 더 쉬워요!

Frühling [프(f)뤼-링]	tagträumen [타-ㅋ트로이멘]
ü(우 움라우트)도 ö(오 움라우트)와 비슷한 원리로 발음하면 됩니다. 입술을 '우' 하고 쭉 내민 뒤 그 입모양 그대로 '위~' 하고 소리내 주세요. 입술이 자꾸 움직이려 해도 굳건히 '우' 모양을 유지하는 게 포인트!	바로 뒤 패턴 연습에 나오는 단어인데요. 의미가 참 예쁘죠? äu 조합은 [오이]와 [어이] 사이의 애매한 소리입니다. 입모양은 [오이]인데 소리는 [어이]를 낸다는 느낌으로 발음하면 돼요. eu 조합과 äu 조합은 동일한 발음이랍니다.

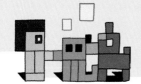

🎧 13-2.mp3

나는 ☐ (하는 것)을 좋아해.

이흐   마-ㅋ
Ich mag ☐ .

❶ Kaffee.
[카페(f)]

나는 커피를 좋아해. (((🗣

❷ das Café
[다ㅅ 카페(f)╱]

나는 이 카페를 좋아해. / 그 카페가 마음에 들어. (((🗣

❸ Tagträumen
[타-ㅋ트로이멘]

나는 공상하는 것을 좋아해. (((🗣

❹ Joggen
[죠근]

나는 조깅하는 것을 좋아해. (((🗣

단어   der Kaffee 커피 | das Café 카페 | tagträumen 몽상, 공상하다 | joggen 조깅하다

Tip 1   독일어의 j는 영어의 [y] 발음이 나지만, 예외적으로 외래어는 원래의 j 발음을 살립니다. joggen의 경우에는
영어의 j 발음을 살려 [죠근]이라고 발음합니다.

Tip 2   Kaffee는 커피, Café는 커피를 마시는 장소인 카페인데요. 둘의 발음 차이가 없지만, 강세는 큰 차이가 나
요. Kaffee는 강세가 앞쪽에 가서 뒤쪽이 상대적으로 내려가고요. 반면에 Café는 강세가 뒤로 가서 뒤쪽을
한껏 올리며 읽어요.

하나만 더! : 이것만 더하면 새로운 문장을 말할 수 있다!

🎧 13-3.mp3

나는 고양이를 정말 좋아해.

이흐	마-ㅋ	캍ㅊ쯘	제(z)아	게아네

Ich mag Katzen sehr gerne.

---

sehr gerne는 '아주 기꺼이/즐겨'라는 의미예요.
'Ich mag ~' 문장에 sehr(아주)나 gerne(기꺼이/즐겨) 중 하나만 써도 의미 강조의 효과가 있어요.
두 개를 함께 쓰면 뭔가를 정말로 좋아한다는 강한 선호의 표현이 됩니다.

Ich mag Frühling sehr gerne.
[이흐 마-ㅋ 프(f)뤼-링 제(z)아 게아네]

나는 봄을 정말 좋아해.

Ich mag Joggen sehr gerne.
[이흐 마-ㅋ 죠근 제(z)아 게아네]

나는 조깅하는 것을 정말 좋아해.

Ich mag das Café sehr gerne.
[이흐 마-ㅋ 다ㅅ 카페(f) ╱ 제(z)아 게아네]

나는 이 카페를 정말 좋아해. /
그 카페가 정말 마음에 들어.

'~을 사랑하다'라는 의미의 동사 lieben[리-븐]을 쓰면 그야말로 궁극의 선호 표현을 할 수 있어요. "Ich liebe die Jacke! [이흐 리-베 디 야케]" 하면 이 재킷을 좋아하다 못해 사랑할 정도로 마음에 든다는 말이랍니다. 다만, 'Ich liebe ~' 표현을 사람에게 쓰면 단순한 호감이나 애정을 넘어 열렬히 사랑한다는 의미로 받아들여질 수 있으니 괜한 오해가 생기지 않게 조심해야겠죠?

89

문제로 확인하기 : 이해도를 점검해 보자!

1. mögen 동사가 주어 ich와 만날 때 어떻게 변하는지, 주어와 함께 써 보세요.

➡ _____

2. 다음 단어들을 순서에 맞게 배열하세요. (동사는 주어에 맞게 변형시키세요.)

❶ mögen / ich / Tagträumen

➡ _____ (나는 공상하는 것을 좋아해.)

❷ Frühling / mögen / ich ➡ _____ (나는 봄을 좋아해.)

❸ ich / das Café / mögen ➡ _____ (그 카페가 마음에 들어.)

3. 다음 단어를 활용하여 문장을 만드세요.

sehr gerne	Jacke	Sommer	Tanzen
Katzen		die	lieben

❶ 나는 고양이를 정말 좋아해. ➡ _____ .

❷ 그 재킷이 정말 마음에 들어. ➡ _____ .

❸ 나는 춤 추는 것을 좋아해. ➡ _____ .

❹ 나는 여름을 사랑해. ➡ _____ .

14과

나는 파티를 하고 싶어.

Ich will Party machen.

이히   빌(v)   파-티   마크흔

🎧 14-0.mp3   무방비 상태로 3번씩 들어 보기 👂   무슨 뜻일까요?

Ich will Party machen.

Ich will Weißwein trinken.

Ich will mit Freunden quatschen.

내가 하고 싶은 것에 대해 표현할 수 있어요.

책을 펼치고
동영상 강의를 보면서
학습을 시작합니다.

 ×   동영상 강의 보기   mp3 파일 듣기   ×

직접 말해 보기 : 입과 표정 준비 완료!

🎧 14-1.mp3

나는 ~을 하고 싶어.

_{이흐}　　　_{빌(v)}
Ich will ~.

보다, 가다, 먹다 등 지금까지 배운 다양한 동사들에 날개를 달아 줄 차례입니다.
'Ich will ~' 뒤에 다양한 동사원형을 넣어서 '~하고 싶다'는 표현을 만들어 볼게요.

Ich will Party machen.

[이흐 빌(v) 파-티 마ㅋ흔]

나는 파티를 하고 싶어.

Ich will Weißwein trinken.

[이흐 빌(v) 바(v)이쓰바(v)인 트링켄]

나는 화이트와인을 마시고 싶어.

Ich will mit Freunden quatschen.

[이흐 빌(v) 밑 프(f)로인든 크밭(v)첸]

나는 친구들과 수다 떨고 싶어.

> **단어** wollen [볼(v)ㄹ렌] ~을 하고 싶다 (주어 ich를 만나면 will로 모양이 완전히 변하는 것에 주의) | **die Party** 파티 (Party machen에는 '클럽에 간다'는 의미도 있음) | **der Weißwein(-)** 화이트와인 | **quatschen** 수다 떨다, 이야기를 나누다 (캐주얼한 일상 회화에서 쓰는 속어적 표현)

> **Tip** 독일어 will은 영어 will과 생긴 건 똑같아도 발음과 기능이 달라요. 의지, 의향을 나타낸다는 점에서는 같지만, 영어의 will이 문장을 미래형으로 만드는 데에도 쓰이는 반면 독일어의 will은 그런 용도로 쓰이지는 않아요.

문법 확인하기

주어   동사   목적어

Ich + will + _____ .

동사에 날개를 달아 주는 조동사 wollen

영어에 can, must 등과 같은 조동사가 있듯이, 독일어에도 조동사가 있습니다. wollen은 '~하고 싶다, 하고자 한다'라는 소망과 의도, 의지를 나타내는 조동사예요. 영어에서 조동사 can과 동사 do를 합쳐 "I can do it." 이런 식으로 표현하는 것처럼, 독일어에서도 조동사와 동사원형(-en으로 끝나는 기본형)을 함께 씁니다. 동사원형 자리에 지금까지 배운 다양한 동사들을 넣으면, 우리가 독일어로 말할 수 있는 표현이 두 배로 확장되니 정말 유용하죠!

wollen보다 조심스러운 möchten

möchten 조동사는 '~하고 싶다 (영어의 would like to에 상응)'라는 의미로, wollen보다 공손하고 조심스러워요. 카페나 음식점에서 주문할 때, 상대방에게 뭔가를 부탁할 때 möchten 조동사가 특히 유용한데요. 'Ich möchte + 동사원형' 뿐 아니라 'Ich möchte + 명사' 형태로도 쓸 수 있어 간편해요. 〈하나만 더〉에서 더 자세히 알아 봅시다.

발음 클리닉　강의 또는 음성을 들으면서 따라 하면 더 쉬워요!

Weißwein [바(v)이쓰바(v)인]	**quatschen** [크밭(v)췐]
독일어의 w는 영어의 v와 발음이 똑같다는 것, ei 조합은 [아이]로 소리 난다는 것, ß(에스체트)는 [ㅆ] ('쓰' 하고 '으' 소리를 강하게 넣지 않는 것에 주의) 발음이라는 것까지! 그 동안 배운 규칙들을 상기하며 읽어 보세요.	qu 조합은 [쿠]라고 발음할 것 같지만 [ㅋv] 라고 발음합니다. [크브(v)]에서 'ㅡ'를 빼 버린다는 느낌으로 소리내면 돼요. 이 단어에서는 qu에 a가 더해지니 [ㅋv] + [아], 즉 [ㅋ바(v)]라는 발음이 된 것입니다. tsch 조합은 [츄]라고 소리 나는데, e가 함께 왔으니 [츄에], 즉 [췌]에 가까운 소리가 나는 것이고요.

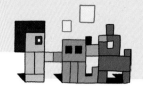

🎧 14-2.mp3

나는 ☐ 을 하고 싶어.

이ㅎ   빌(v)
Ich will ☐ .

❶ **einen Film schauen.**
[아이넨 피(f)ㄹ 샤우언]

나는 영화 한 편을 보고 싶어. (((😊

❷ **einen Döner essen.**
[아이넨 되-나 에쎈]

나는 되너 하나를 먹고 싶어. (((😊

❸ **zuhause Yoga machen.**
[츠쭈하우제(z) 요-가 마ㅎ흔]

나는 집에서 요가하고 싶어. (((😊

❹ **allein spazieren gehen.**
[알라인 슈파츠찌-언 게-은]

나는 혼자 산책하러 가고 싶어. (((😊

단어 der Film 영화

🎧 14-3.mp3

저는 화이트와인을 마시고 싶어요.

이ㅎ   뫼ㅎ터   바(v)이쓰바(v)인   트링켄
Ich möchte Weißwein trinken.

'Ich will ~' 보다 정중하고 조심스러운 'Ich möchte ~' 표현입니다.
카페, 식당 등에서 주문할 때는 동사 없이 "Ich möchte + 음식/음료 이름"이라고 하면 돼요.
"Ich möchte ein Glas Weißwein. (화이트와인 한 잔 주세요.)" 이렇게요!

Ich möchte nach Hause gehen.
[이ㅎ 뫼ㅎ터 나ㅋㅎ 하우제(z) 게-은]

저는 집에 가고 싶어요.

Ich möchte Urlaub machen.
[이ㅎ 뫼ㅎ터 우얼라웊 마ㅎ흔]

저는 휴가 가고 싶어요.

Ich möchte ein Schokoeis.
[이ㅎ 뫼ㅎ터 아인 쇼코아이스]

초콜릿 아이스크림 하나 주세요.

 단어 das Schokoeis 초콜릿 아이스크림 [참] das Vanilleeis [바(v)닐라아이스] 바닐라 아이스크림, das Joghurteis [요구엍아이스] 요거트 아이스크림

95

1. 조동사 wollen와 möchten가 각각 주어 ich와 만날 때 어떻게 변하는지, 주어와 함께 써 보세요.

➡ _____

2. 다음 단어들을 순서에 맞게 배열하세요. (동사는 주어에 맞게 변형시키세요.)

❶ machen / wollen / ich / Party

➡ _____ (나는 파티를 하고 싶어.)

❷ Weißwein / Glas / möchten / ein / ich

➡ _____ (화이트와인 한 잔 주세요.)

❸ wollen / Freunden / ich / quatschen / mit

➡ _____ (나는 친구들과 수다 떨고 싶어.)

3. 다음 단어를 활용하여 문장을 만드세요.

ein Schokoeis	Pause	nach Hause
machen	essen	gehen

❶ 나는 집에 가고 싶어.　　　　➡ _____ .

❷ 나는 초콜릿 아이스크림을 먹고 싶어.　➡ _____ .

❸ (정중하게) 저는 쉬고 싶어요.　　➡ _____ .

학습일 : 월 일

나는 운전할 수 있어.

Ich kann Auto fahren.

이히   칸   아우토   파(f)-른

🎧 15-0.mp3   무방비 상태로 3번씩 들어 보기 👂   무슨 뜻일까요?

Ich kann Auto fahren.

Ich kann scharf essen.

Ich kann Deutsch sprechen.

내가 할 수 있는 것에 대해 표현할 수 있어요.

책을 펼치고
동영상 강의를 보면서
학습을 시작합니다.

  동영상 강의 보기   mp3 파일 듣기

🎧 15-1.mp3

나는 ~을 할 수 있어.

이ㅎ   칸
Ich kann ~.

뭔가를 할 수 있다는 능력, 가능성을 나타내는
조동사 können으로 내가 잘할 수 있는 일에 대해 이야기합니다.
나아가 뭔가를 해도 되는지 허락을 구하는 방법까지 배워 봅시다!

Ich kann Auto fahren.

[이ㅎ 칸 아우토 파(f)-른]

나는 운전을 할 수 있어.

Ich kann scharf essen.

[이ㅎ 칸 샤-f 에쎈]

나는 맵게(매운 음식을) 먹을 수 있어.

Ich kann Deutsch sprechen.

[이ㅎ 칸 도이취 슈프레헨]

나는 독일어를 할 수 있어.

단어   können [쾨넨] ~을 할 수 있다 (주어 ich를 만나면 kann으로 모양이 완전히 변하는 것에 주의) ㅣ Auto
fahren 운전하다 [합] Fahrrad fahren [파(f)-라트 파(f)-른] 자전거 타다 ㅣ scharf 맵다 (다른 의미) 날카
롭다, 선명하다 ㅣ sprechen 말하다 (영어의 speak)

문법 확인하기

주어   조동사   목적어, 부사 등   동사원형

Ich + kann + _____ + _____ .

'～을 할 수 있다'를 나타내는 조동사 können

영어의 조동사 can과 아주 비슷한 기능을 하는 können! 보통은 können 뒤에 동사원형이 나오는데, 이때 동사원형의 위치는 문장 맨 끝이라는 점에 꼭 유의하세요. 독일어만의 독특한 문장 순서랍니다. 누가 봐도 의미가 뻔한 문장일 경우 동사원형을 생략하기도 해요.

📢 Ich kann Deutsch sprechen. [이ㅎ 칸 도이취 슈프레헨] 나는 독일어를 할 수 있다.

위 문장에서 sprechen을 생략하고 "Ich kann Deutsch."라고만 써도 무슨 뜻인지 알아차릴 수 있 지요. 그래서 특히 구어체에서는 이렇게 생략된 문장을 많이 써요. 반면에 "Ich kann Kaffee.*"라는 가상의 문장을 보면, 커피(Kaffee)를 마실 수 있다는 건지, 만들 수 있다는 건지 의미가 영 모호하죠. 그 렇기에 이런 문장은 쓰지 않습니다.

허락, 허가, 부탁의 의미도 있어요

한국어에서도 '～을 할 수 있다'라는 것이 '～을 해도 된다'와 비슷한 의미로 쓰일 때가 있죠. können에 도 허락 및 허가의 의미가 있어요. können으로 "～해 줄 수 있어?"라고 부탁하는 청유문도 만들 수 있 답니다. 세상에, 조동사 하나로 이렇게 많은 걸 할 수 있다니요!

발음 클리닉   강의 또는 음성을 들으면서 따라 하면 더 쉬워요!

scharf [샤-f]	sprechen [슈프레헨]
알파벳 sch 조합은 [슈] 발음이 나지요? 그리고 ar 조합은 r을 발음하려고 애쓸 필요 없이 a를 길게 [아-] 하는 것처럼 발음하면 돼요. 매운 음 식 좋아하는 한국인에게 꼭 필요한 단어이니 예 쁘게 발음해 봅시다!	단어 맨 앞에 알파벳 sp, st 조합이 오면 각각 [슈ㅍ], [슈ㅌ]라고 소리가 난다는 거, 기억나시 죠? ch 조합의 경우 세 가지 발음이 있는데, 이 경우에는 입을 옆으로 찢고 '히～'하고 바람이 빠 지는 ch 발음이에요.

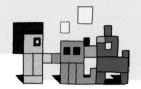

 패턴 연습 : 단어를 바꿔가며 말해 보자!

🎧 15-2.mp3

나는 [   ]을 할 수 있어.

이히   칸
Ich kann [   ] .

❶ das (machen).
[다ㅅ (마ㅋ흔)]

나는 그걸 할 수 있어. (((🗣

❷ kalt duschen.
[칼트 두-쉔]

나는 차갑게(찬 물로) 샤워할 수 있어. (((🗣

❸ ohne Handy leben.
[오-네 핸디 레-븐]

나는 핸드폰 없이 살 수 있어. (((🗣

❹ allein im Restaurant essen.
[알라인 임 레스터렁 에쎈]

나는 혼자 음식점에서 밥 먹을 수 있어. (((🗣

단어   **das** (영어의 that과 유사) ┃ **kalt** 차갑다 짬 **warm** [바(v)-ㅁ] 따뜻하다, **heiß** [하이쓰] 뜨겁다 ┃ **duschen** 샤워하다 ┃ **ohne** ~ 없이 짬 **mit** [밑] ~와 함께, ~을 가지고 ┃ **das Handy** 핸드폰 ┃ **im Restaurant** 음식점에서

Tip   ohne와 in은 각각 영어의 without과 in에 해당하는 전치사예요. 다만 in의 경우, 뒤에 오는 명사의 수(단수/복수)와 성별에 따라 im과 같이 모양이 바뀔 수 있으니, 'im Restaurant' 이런 식으로 명사와 함께 세트로 외우는 게 마음 편해요.

🎧 15-3.mp3

나는 맵게(매운 음식을) 먹을 수 없어.

이ㅎ   칸   니ㅎㅌ   샤-f   에쎈

Ich kann nicht scharf essen.

7과에서 부정문을 만드는 두 개의 문장 요소 중 하나인 kein에 대해 배웠죠?
이번에는 부정문을 만들기 위한 또다른 문장 요소 nicht에 대해 알아 볼게요.
관사 kein은 꼭 명사 앞에 나와야 했던 반면 (예: keine Zeit),
부정어 nicht는 부정하고 싶은 문장 성분 앞에 비교적 자유롭게 넣으면 됩니다.

Ich kann das nicht (machen).
[이ㅎ 칸 다ㅅ 니ㅎㅌ (마ㅋ흔)]

나는 그걸 할 수 없어.

Ich kann ohne Handy nicht leben.
[이ㅎ 칸 오-네 핸디 니ㅎㅌ 레-븐]

나는 핸드폰 없이 살 수 없어.

Ich kann nicht allein im Restaurant essen.
[이ㅎ 칸 니ㅎㅌ 알라인 임 레스터렁 에쎈]

나는 혼자 음식점에서 밥 먹을 수 없어.

Tip   문장에서 nicht의 위치가 자꾸 달라진다고 해서 당황하지 마세요. 독일어 전공자들 사이에서 nicht 위치로 박사 논문 한 편을 쓸 수 있다는 우스갯소리를 할 정도로 복잡한 부분이거든요. 일반적으로 '가장 직접적으로 부정하고자 하는 단어' 앞에 nicht를 넣으면 안전해요.

문제로 확인하기 : 이해도를 점검해 보자!

1. 조동사 können가 주어 ich와 만날 때 어떻게 변하는지, 주어와 함께 써 보세요.

⇒ _____

2. 다음 단어들을 순서에 맞게 배열하세요. (동사는 주어에 맞게 변형시키세요.)

❶ fahren / können / ich / Auto

⇒ _____ (나는 운전을 할 수 있어.)

❷ scharf / essen / können / ich

⇒ _____ (나는 매운 음식을 먹을 수 있어.)

❸ Deutsch / ich / sprechen / können

⇒ _____ (나는 독일어를 할 수 있어.)

3. 다음 단어를 활용하여 문장을 만드세요.

allein	duschen	nicht	machen	ich	ohne
essen	Handy	im Restaurant	leben	kalt	das

❶ 나는 그걸 할 수 있어.   ⇒ _____ .

❷ 나는 차갑게(찬 물에) 샤워할 수 있어.   ⇒ _____ .

❸ 나는 핸드폰 없이 살 수 없어.   ⇒ _____ .

❹ 나는 혼자 음식점에서 밥 먹을 수 있어.   ⇒ _____ .

102

학습일 : 월 일

나는 공부해야 해.

Ich muss lernen.

이흐 무쓰 레아넨

🎧 16-0.mp3 　　무방비 상태로 3번씩 들어 보기 👂　　무슨 뜻일까요?

Ich muss lernen.

Ich muss meine Großeltern besuchen.

Ich muss zum Friseur gehen.

내가 해야 하는 것에 대해 표현할 수 있어요.

책을 펼치고
동영상 강의를 보면서
학습을 시작합니다.

 × ×
동영상 강의 보기　　mp3 파일 듣기

 **직접 말해 보기 :** 입과 표정 준비 완료!

 16-1.mp3

나는 ~을 해야 해.

이ㅎ   무ㅆ
Ich muss ~.

해야 하는 일, 의무 등을 이야기할 때 'Ich muss ~.' 표현을 사용합니다.
남이 시켜서 한다기 보다는, 어떤 필연적인 이유로 해야만 하는 일이라는 느낌이에요.

Ich muss (Deutsch) lernen.   나는 (독일어) 공부를 해야 해.

[이ㅎ 무ㅆ (도이취) 레아넨]

Ich muss meine Großeltern besuchen.

[이ㅎ 무ㅆ 마이네 그로-ㅆ엘탄 베주(z)-ㅋ흔]   나는 나의 조부모님을 방문해야 해.

Ich muss zum Friseur gehen.   나는 미용실에 가야 해.

[이ㅎ 무ㅆ ㅊ쭘 프(f)리죄(z)-아 게-은]

단어 müssen ~해야 한다 (주어 ich와 만나면 muss) ｜ lernen (언어, 과목, 분야 등)을 배우다 ｜ die
Großeltern (항상 복수) 조부모님 [찰] die Eltern (항상 복수) [엘탄] 부모님 ｜ besuchen ~을 방문하다
｜ zum Friseur gehen 미용실에 가다 [찰] zum Arzt gehen [ㅊ쭘 아-ㅉㅌ 게-언] 병원에 가다

발음 mein(나의), dein(너의) 등 소유를 나타내는 관사는 뒤에 오는 명사의 수(단수/복수)와 성별에 따라 모양이
변해요. 지금 단계에서는 깊이 파고들기 보다는 meine Großeltern (나의 조부모님), deine Großeltern
[다이네 그로-ㅆ엘탄] (너의 조부모님) 이렇게 세트로 눈과 입에 익혀 두시면 좋아요.

104

문장 파헤치기 : 파헤치면 이해된다!

문법 확인하기

주어　　　　조동사　　　　동사원형

Ich + muss + _____ .

'～을 해야 한다'를 나타내는 조동사 müssen

영어의 조동사 must와 생긴 것도 비슷하고 기능도 비슷한 조동사 müssen는, 앞서 배운 조동사 wollen, möchten, können과 마찬가지로 동사원형(의미가 뻔한 경우 생략 가능)과 함께 씁니다.

Ich muss nicht ~. 나는 ～할 필요가 없어.

15과에서 문장에 nicht를 넣으면 그 문장의 의미를 부정하는 것이라고 배웠죠? 'Ich muss ~.' 문장에 nicht를 넣어서 'Ich muss nicht ~.' 라고 표현하면 '～을 해야 하지 않다', 즉 '～할 필요가 없다'라는 뜻이 됩니다. ('～을 하면 안 된다'가 아닌 것에 주의하세요!)

예　Ich muss zum Arzt gehen. [이ㅎ 무ㅆ 츠쭘 아-쯔ㅌ 게-언] 나는 병원에 가야 한다.

Ich muss nicht zum Arzt gehen. [이ㅎ 무ㅆ 니ㅎㅌ 츠쭘 아-쯔ㅌ 게-언]
나는 병원에 갈 필요가 없다.

발음 클리닉　강의 또는 음성을 들으면서 따라 하면 더 쉬워요!

besuchen [베주(z)-ㅋ흔]	**Friseur** [프(f)리죄(z)-아]
ch 조합이 단어마다 다르게 소리나는 것 같아 혼란스러우시다고요? ch의 세 가지 발음을 총정리해볼게요! 첫째는 [ㅋ] 소리, 둘째는 ich에서처럼 '히~'하는 소리, 셋째는 목을 '커허~' 굵으며 내는 소리예요. besuchen의 ch는 세 번째 경우이고요.	Restaurant(15과 참조)과 Friseur는 독일어에 스며 있는 대표적인 프랑스 외래어인데요. 기존 독일어 발음 규칙에 따르면 eu 조합이 [오이]라고 소리 나지만, 이건 외래어이기 때문에 원어인 프랑스어 발음 규칙에 따라 eu 조합을 ö [외]와 비슷하게 발음합니다.

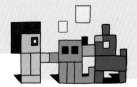

🎧 16-2.mp3

나는 □해야 해.

이ㅎ 무ㅆ
Ich muss □ **.**

❶ **(nicht) zur Arbeit gehen.** 나는 일하러 가야 해 (갈 필요 없어). (((😀
[(니ㅎㅌ) 츠쭈어 아-바이ㅌ 게-언]

❷ **(nicht) meinen Vater anrufen.**
나는 아버지께 전화해야 해 (전화할 필요 없어). (((😀
[(니ㅎㅌ) 마이넨 파(f)-타 안루-픈(f)]

❸ **(nicht) hier aussteigen.**
나는 여기서 내려야 해 (내릴 필요 없어). (((😀
[(니ㅎㅌ) 히아 아우ㅆ슈따이겐]

❹ **(nicht) früh aufstehen.** 나는 일찍 일어나야 해 (일어날 필요 없어). (((😀
[(니ㅎㅌ) 프(f)뤼- 아우f슈떼-은]

단어 der Vater(복수형 Väter) 아버지 [참] die Mutter (복수형 Mütter) 어머니 ┃ anrufen ~에게 전화하다 ┃ hier 여기, 여기서 [참] dort [도어ㅌ] 저기, 저기서 ┃ aussteigen (차, 대중교통, 비행기 등에서) 내리다 [참] umsteigen [움슈따이겐] 갈아타다, 환승하다 ┃ früh 일찍, 이른 [참] spät [슈빼-ㅌ] 늦게, 늦은 ┃ aufstehen (잠에서 깨어, 자리에서) 일어나다

하나만 더! : 이것만 더하면 새로운 문장을 말할 수 있다!

🎧 16-3.mp3

나는 무조건 공부해야 해.

이ㅎ 무쓰 운베딩ㅌ 레아넨

Ich muss unbedingt lernen.

unbedingt를 넣어서 'Ich muss unbedingt ~.' 라고 하면
무조건! 꼭! 해야 하는 일을 표현할 수 있어요.

Ich muss unbedingt zur Arbeit gehen.

[이ㅎ 무쓰 운베딩ㅌ 츠쭈어 아-바이ㅌ 게-언]   나 무조건 일하러 가야 해.

Ich muss unbedingt meine Großeltern anrufen.

[이ㅎ 무쓰 운베딩ㅌ 마이네 그로-쓰엘탄 안루-픈(f)]   나 무조건 조부모님께 전화 드려야 해.

Ich muss unbedingt früh aufstehen.

[이ㅎ 무쓰 운베딩ㅌ 프(f)뤼- 아우f슈떼-은]   나 무조건 일찍 일어나야 해.

무조건 ~할 필요는 없어

'Ich muss nicht unbedingt ~'는 '나는 무조건 ~할 필요는 없어.'라는 표현이 돼요.

🔊 Ich muss nicht unbedingt früh aufstehen. 나는 무조건 일찍 일어날 필요는 없어.

107

문제로 확인하기 : 이해도를 점검해 보자!

1. 조동사 müssen가 주어 ich와 만날 때 어떻게 변하는지, 주어와 함께 써 보세요.

➡ _____

2. 다음 단어들을 순서에 맞게 배열하세요. (동사는 주어에 맞게 변형시키세요.)

❶ Deutsch / müssen / ich / lernen

➡ _____ (나는 독일어 공부를 해야 해.)

❷ meine / besuchen / ich / Großeltern / müssen

➡ _____ (나는 나의 조부모님을 방문해야 해.)

❸ ich / zum / gehen / müssen / Friseur

➡ _____ (나는 미용실에 가야 해.)

3. 다음 단어를 활용하여 문장을 만드세요.

hier	meinen	aussteigen	aufstehen	unbedingt	früh
gehen	zur	Vater	anrufen	Arbeit	ich

❶ 나는 일찍 일어나야 해.   ➡ _____ .

❷ 나는 여기에서 내려야 해.   ➡ _____ .

❸ 나 아버지께 무조건 전화드려야 해.   ➡ _____ .

❹ 나는 무조건 일찍 일하러 갈 필요는 없어. ➡ _____ .

108

접속사로 문장력 업그레이드

접속사(접속부사)는 간단한 데다가 내가 이미 알고 있는 쉬운 문장들을
이어 붙여 더 풍부한 표현을 가능하게 해주니 정말 유용해요.

1 **und** [운트] 그리고	**2** **oder** [오다] 또는	**3** **aber** [아바] 하지만

1 **und**: 'A 그리고 B', 'A, B, 그리고 C'처럼 단어끼리 이어줄 수도 있고, "나는 A를 해. 그
리고 나는 B를 해." 또는 "나는 A를 하고 B를 해."처럼 문장끼리 연결해 줄 수도 있는 접
속사예요.

📢 Ich esse Suppe **und** Obst. 나는 수프와 과일을 먹어.
Ich esse Pommes. **Und** ich trinke Bier. 나는 감자튀김을 먹어. 그리고 맥주를 마셔.
Ich esse Pommes **und** (ich)* trinke Bier. 나는 감자튀김을 먹고 맥주를 마셔.
  * 주어 ich가 중복되므로 두 번째부터는 생략해도 무방해요.

2 **oder**: 마찬가지로 단어끼리, 문장끼리 이어줄 수 있는 접속사예요. '또는, 혹은, 아니면'
이라는 의미로 쓰입니다.

📢 Ich will Wein **oder** Tee trinken. 나는 와인이나 차를 마시고 싶어.
Ich will Party machen. **Oder** ich will einen Film schauen.
나는 파티를 하고 싶어. 아니면 나는 영화 한 편을 보고 싶어.
Ich will Party machen **oder** (ich will)* einen Film schauen.
나는 파티를 하거나 영화 한 편을 보고 싶어.
  * 앞 문장과 그대로 중복되는 부분이므로 생략해도 좋아요.

3 **aber**: 앞에 나온 문장에 대해 반박하거나 숨겨둔 본심을 이야기할 때, 혹은 앞 문장이
불가능한 이유를 말할 때 '하지만, 그렇지만'하고 뒷 문장을 연결해 줍니다.

📢 Ich muss lernen. **Aber** ich bin krank. 나는 공부해야 해. 하지만 나는 몸이 아파.
Ich muss lernen **aber** (ich) bin krank. 나는 공부해야 하지만 몸이 아파.

4 **denn** [덴] 왜냐하면	**5** **daher** [다헤아] 그래서, 그러므로	**6** **dann** [단] 그러면, 그리고 나서

4 **denn:** 문장 사이의 인과 관계를 표현하는 접속사인데요, 결과가 먼저 나오고 그 뒤에 denn이 이끄는 원인 문장이 나옵니다. 앞 문장에 쉼표를 꼭 찍어 줘야 한다는 걸 기억하세요.

(예) Ich esse einen Döner, **denn** ich* habe Hunger.
나는 되너를 먹어. 왜냐하면 나는 배고프거든.
* 접속사 denn는 앞의 접속사들과는 성격이 달라서, 앞 문장과 뒷 문장의 주어가 중복되더라도 생략하지 않고 그대로 씁니다.

5 **daher:** 어순 주의! denn과는 반대로 앞 문장에 원인이 나왔을 때, '그래서, 그러므로'라고 하며 그 결과에 해당하는 뒷 문장을 이끄는 접속부사입니다. 지금까지 알아본 접속사들과는 달리, daher가 이끄는 문장은 주어와 동사의 자리가 바뀝니다. (예: Daher ich bin… (X) => Daher bin ich… (O)") 이렇게 문장 성분들의 자리가 바뀌는 것을 문법 용어로는 '도치'라고 불러요.

(예) Ich bin Koreanerin. **Daher** kann ich scharf essen.
나는 한국인(여성)이야. 그래서 나는 매운 음식을 먹을 수 있어.

6 **dann:** 어순 주의! 앞서 배운 denn과 모양은 거의 똑같지만 의미와 쓰임새가 다른 접속부사입니다. 앞에 어떤 문장이 나오고 그 뒤에 '그러면, 그리고 나서'하고 뒷문장을 이어 주는 역할을 해요. daher와 마찬가지로 dann이 이끄는 문장은 주어와 동사가 도치 됩니다.

(예) Ich gehe nach Hause. **Dann** gehe ich spazieren.
나는 집에 가. 그리고 나서 나는 산책하러 가.

Ich mache Urlaub. **Dann** bin ich froh.
나는 휴가를 가. 그러면 나는 기뻐 (기쁠 거야).

Du로 친구와
대화하기

이런 말을 할 수 있어요

#네가 파울이야? #너 시간 있어? #너 운동해?
#너 고기 먹어? #너 술 안 마셔? #너 드라마 봐? #너 집에 가?
#너 떡볶이 좋아해? #너 뭐 하고 싶어?
#너 기타 칠 수 있어? #너 일찍 일어나야 해?

+ 독일어 회화 빨리 느는 법

서울 한복판에 아름다운 한강이 흐르듯,

독일의 수도인 베를린 한복판에도 슈프레강이 흘러요.

햇살 좋은 날이면 강변에 나와 자유롭게 수다 떠는 독일 사람들,

지금 이 순간 나도 그들 사이에 있다고 상상해 보세요.

무슨 말이 하고 싶나요? 무엇을 묻고 싶나요?

PART 3에서는 이렇게 독일어로 대화를 주고받는 법을 배웁니다.

지금까지 '나(ich)'에 대한 문장들은 실컷 배웠으니,

이제는 '너(du)'에 대해서 이야기해 볼까요?

격식 있고 공식적인 자리에서는 '당신(Sie)'이라는 호칭을 쓰지만

서로 거리감 없는 사이에서는 나이나 직급과 관계 없이

'너(du)'라고 부르는 것이 자연스럽답니다.

너에 대해 궁금한 것들을 마음껏 질문할 수 있도록

의문문을 중심으로 회화를 연습해 볼 거예요.

베를린 강변에서 수다 떠는 내 모습을 그리며, 시작할까요?

17과

네가 파울이야?

Bist du Paul?

비슽   두   파울

🎧 17-0.mp3 | 무방비 상태로 3번씩 들어 보기 👂 | 무슨 뜻일까요?

Bist du Paul?

Bist du Amerikaner?

Bist du Studentin?

상대방에 대해 질문할 수 있어요.

**책을 펼치고
동영상 강의를 보면서
학습을 시작합니다.**

  ×   ×

동영상 강의 보기   mp3 파일 듣기

🎧 17-1.mp3

네가 ~야? / 너는 ~야?

비슽   두
Bist du ~?

상대방의 이름, 국적, 직업 등을 물어볼 때 만능으로 사용할 수 있는 표현이에요.
하지만 아무리 궁금해도 지나치게 개인적인 질문은 하지 않는 게 좋겠죠?

Bist du Paul?   네가 파울이야?
[비슽 두 파울?]

Bist du Amerikaner(in)?   너는 미국인이야?
[비슽 두 아메리카-나(아메리카-너린)]

Bist du Student(in)?   너는 대학생이야?
[비슽 두 슈뚜덴트(슈뚜덴틴)]

단어 du 너 (주어) ┃ bist ~이다 (sein동사가 주어 du를 만났을 때의 변화형) ┃ der Amerikaner 미국인 (남성) ┃ die Amerikanerin 미국인(여성) ┃ der Student 대학생(남성) ┃ die Studentin 대학생(여성)

Tip 상대가 남성이면 Amerikaner, 여성이면 Amerikanerin이라고 합니다. Student와 Studentin도 같은 원리예요.

문법 확인하기

동사   주어   보어(명사/형용사)

Bist + du + _____ .

sein 동사의 변화

6과에서 처음으로 배웠던 sein 동사, 기억하시죠? 영어의 be 동사에 해당하고 주어에 따라 모양이 변하는데, 주어가 ich(나)일 땐 bin으로 변해서 'Ich bin'으로 시작하는 문장들을 연습했었죠. 이번엔 주어가 du(너)로 바뀌면서 sein 동사의 모양도 bist로 변했어요.

의문문 만드는 법

PART 2까지는 '주어 + 동사 + …' 순으로 진행되는 평범한 문장, 다시 말해 평서문을 배웠어요. 이번에는 질문하는 문장, 의문문을 만들어 볼 거예요. 방법은 정말 간단해요. 주어와 동사의 자리만 바꾸면 되니까요! 'Ich bin ~. (나는 ~이야.)'에서 'Bin ich ~? (내가 ~야?)'로, 'Du bist ~. (너는 ~이야.)'에서 'Bist du ~? (네가 ~야?)'로 주어 동사 순서를 바꾸고 물음표만 붙이면 의문문 완성이랍니다.

발음 클리닉　강의 또는 음성을 들으면서 따라 하면 더 쉬워요!

bist du [비슫 두]	Student(in) [슈뚜덴트 (슈뚜덴틴)]
독일어는 대부분 쓰인 그대로 정직하게 읽으면 되지만, 'Bist du~?' 문장의 경우는 [비스트 두]라고 발음하면 좀 투박해요. bist의 t와 du의 d가 이어지는 듯, [비슫 두]라고 발음하면 원어민 느낌 상승!	단어 맨 앞에 sp 또는 st 조합이 나오면 각각 [슈ㅍ], [슈ㅌ]로 발음하는데, 그 뒤에 모음이 오면 (예: Spa…, Stu… 등) 발음이 살짝 세져서 [슈ㅃ], [슈ㄸ]에 가까운 소리가 돼요.

소통하기 : 배운 표현으로 회화 연습을 해 보자!

지난 파트와 이번 파트에서 배운 내용으로 이제 소통을 할 수 있게 되었습니다.
아래 대화를 들으면서 따라해 보고, 역할을 맡아 연습도 해 봅시다.

🎧 17-2.mp3

#1

Bist du Paul?
비슫 두 파울?

네가 파울이야?

Ja, und du?
야, 운 두

응, 너는?

Ich bin Emily.
이흐 빈 에밀리

나는 에밀리야.

#2

Bist du Amerikaner?
비슫 두 아메리카-나?

너 미국 사람이야?

Nein, ich bin Deutscher.
나인, 이흐 빈 도이춰

아니, 나는 독일 사람이야.

Sorry! Ich bin Koreanerin.
Sorry! 이흐 빈 코레아-나린

미안해! 나는 한국 사람이야.

116

#3

 Bist du Student?
비슽 두 슈뚜덴ㅌ

너 대학생이야?

 Ja, und du?
야, 운 두

응, 너는?

 Ich bin auch Studentin.
이ㅎ 빈 아우ㅋㅎ 슈뚜덴틴

나도 대학생이야.

단어 ja 응, 네 (긍정의 대답) ｜ nein 아니, 아니요 (부정의 대답) ｜ und 그리고 ("Und du?"는 영어의 "And you?"에 해당)

Tip 다양한 출신의 사람들이 모여 사는 독일이기에, 상대방의 국적을 함부로 추측하는 것은 조심해야 합니다. 혹시 말실수를 했다면 3과에서 배운대로 사과해 볼까요?

상대의 이름을 묻는 쉬운 방법

"Wie heißt du? [비(v) 하이슽 두]" 넌 이름이 뭐야?

표현이 조금 어렵다고요? 그럼 이렇게도 가능해요!

"Ich bin Emily. Du bist...?" [이ㅎ 빈 에밀리. 두 비스ㅌ] 나는 에밀리야. 너는…?

이렇게 말하면 상대방이 자기 이름을 말할 거예요. 말끝을 살짝 흐리는 게 포인트!

1. sein 동사가 주어 du와 만날 때 어떻게 변하는지, 주어와 함께 써 보세요.

➤ _____

2. 다음 단어들을 순서에 맞게 배열하세요. (동사는 주어에 맞게 변형시키세요.)

❶ sein / Amerikaner / du

➤ _____ (너는 미국 사람(남성)이야?)

❷ Studentin / du / sein

➤ _____ (너는 대학생(여성)이야?)

❸ du / sein / Daniel

➤ _____ (네가 다니엘이야?)

3. 질문에 알맞은 대답을 연결하세요.

❶ Bist du Paul? · · Ja, ich bin Student.

❷ Bist du Deutscher? · · Nein, ich bin Amerikaner.

❸ Bist du Student? · · Nein, ich bin Emily.

18과

너 시간 있어?

Hast du Zeit?

하슽　　　　　두　　　　　ㅊ짜이ㅌ

🎧 18-0.mp3 　　　무방비 상태로 3번씩 들어 보기 👂　　　무슨 뜻일까요?

Hast du Zeit?

Hast du Fieber?

Hast du Stress?

상대방의 상태에 대해 질문할 수 있어요.

책을 펼치고
동영상 강의를 보면서
학습을 시작합니다.

  ×   ×

동영상 강의 보기　　　mp3 파일 듣기

직접 말해 보기 : 입과 표정 준비 완료!

🎧 18-1.mp3

너 ~한 상태야?

하슷   두

Hast du ~.

haben 동사를 그대로 번역하면 "너는 ~를 가지고 있어?"라는 의미의 문장이에요.
상대방이 시간, 스트레스 등을 가지고 있는지, 즉 그런 '상태'인지를 물을 때도 쓴답니다.

Hast du Zeit?

[하슷 두 ㅊ짜이ㅌ?]

너 시간 있어? (=너 한가해?)

Hast du Fieber?

[하슷 두 피(f)-바]

너 열 있어? (=너 열 나?)

Hast du Stress?

[하슷 두 슈트레ㅆ]

너 스트레스 받아?

 Tip 'Hast du~?' 문장에 아래 단어들을 넣어보세요. 원래 의미인 '너 ~있어?'를 좀 더 활용해 봅시다!

Geld [겔ㅌ] 돈 ┃ Kleingeld [클라인겔ㅌ] 잔돈 ┃ Taschentücher [타셴튀햐] (복수) 휴대용 티슈

문법 확인하기

동사   주어   목적어

Hast + du + _____?

haben 동사의 변화

소유와 상태를 나타내는 haben 동사는 주어 du를 만나면 hast로 모양이 변해요. 'Du hast ~.' 하면 '너는 ~을 가지고 있다.' 또는 '너는 ~한 상태이다.'라는 의미의 문장이 되고요. 그런데 17과에서 주어 동사 위치만 바꾸면 의문문을 만들 수 있다고 했었죠? 이렇게 해서 '너는 ~을 가지고 있어?', '너는 ~한 상태야?' 하는 의미의 'Hast du ~?' 문장이 만들어진 것이랍니다.

발음 클리닉   강의 또는 음성을 들으면서 따라 하면 더 쉬워요!

hast du [하슽 두]	Taschentücher [타셴튀햐]
앞서 배운 'Bist du ~?'와 마찬가지로 'Hast du ~?' 문장도 [하스트 두]로 너무 정직하게 발음하기보다는, hast의 t와 du의 d가 이어지는 듯 발음하세요. 'Hast du ~?' 문장에서는 아무래도 목적어의 역할이 의미 상으로 가장 중요하기 때문에 목적어에 가장 강세를 줘서(=음을 올려서) 말하는 게 좋습니다.	가방 또는 주머니라는 의미 Tasche[타셰]와 천(헝겊)을 뜻하는 Tuch[투ㅋㅎ]의 복수형 Tücher[튀햐]가 합쳐진 단어예요. Tuch일 때는 'ch'가 목을 긁는 발음인데, Tücher일 때는 'ch'가 바람 빠지는 '히~' 발음이에요. 같은 단어인데도 단수냐, 복수냐에 따라 발음이 달라지는 게 독특하죠?

121

소통하기 : 배운 표현으로 회화 연습을 해 보자!

지난 파트와 이번 파트에서 배운 내용으로 이제 소통을 할 수 있게 되었습니다.
아래 대화를 들으면서 따라해 보고, 역할을 맡아 연습도 해 봅시다.

🎧 18-2.mp3

#1 ....

 Hast du Zeit?
하슽   두   ㅊ짜이트

너 시간 있어?

Ja, ich habe viel Zeit.
야,   이ㅎ   하-베   피(f)-ㄹ ㅊ짜이트

응, 나 시간 많아.

#2 ....

 Hast du Fieber?
하슽   두   피(f)-바

너 열 나?

 Nein, ich habe kein Fieber.
나인,   이ㅎ 하-베   카인   피(f)-바

아니, 나 열 안 나.

Ich habe Bauchschmerzen.
이ㅎ   하-베   바우ㅋㅎ슈메아ㅊ쯘

나 배 아파.

122

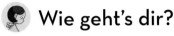
#3 ┈┈┈┈┈┈┈┈┈┈┈┈┈┈┈┈┈┈┈┈┈┈┈┈┈┈┈┈┈┈

Wie geht's dir?
비(v)   게-ㅊ   디아

어떻게 지내?

Nicht gut, ich habe Stress.
니ㅎㅌ   구-ㅌ, 이ㅎ   하-베   슈트레쓰

별로야, 나 스트레스 받아.

Hast du viel Stress?
하슽   두 피(f)-ㄹ 슈트레쓰

너 스트레스 많이 받아?

Ja, sehr viel. Und du?
야,   제(z)아 피(f)-ㄹ.   운   두

응, 아주 많이. 너는?

단어 viel 많다 | die Bauchschmerzen 복통 참 die Kopfschmerzen [콥슈메아ㅊ쯘] 두통, die Zahnschmerzen [ㅊ짜-ㄴ슈메아ㅊ쯘] 치통, die Rückenschmerzen [뤽켄슈메아ㅊ쯘] 요통 | nicht gut 좋지 않다, 별로다

Tip kein과 nicht의 쓰임새가 잘 기억나지 않는다면, 각각 7과와 15과의 〈하나만 더〉p.53, 101를 복습하고 오세요!

Plus

"Und dir?"와 "Und du?"

4과에서는 "Wie geht's dir? (어떻게 지내?)"에 대한 답으로 "Gut, und dir? (잘 지내, 너는 어떻게 지내?)"를 배웠죠. 이렇게 공식처럼 진행되는 대화는 서로 그리 가깝지 않은 사이에서 나누는 형식적인 인사말 느낌이 강해요. 하지만 친한 사이에서는 위의 대화문과 같이 솔직하게 자신의 상태를 말하며 대화를 이어 나간답니다.

마지막에 파울이가 "Und dir? (너는 어떻게 지내?)"가 아니라 "Und du? (너는?)"이라고 되묻는 이유는, 이런 저런 이야기를 나누느라 "Wie geht's dir?"라는 최초의 질문에서 멀리 떨어져 버렸기 때문이에요.

이런 경우에는 "Und du? (너는?)" 내지는 "Und du so? (그럼 너는?)" 하고 되묻는 것이 자연스럽습니다.

1. haben 동사가 주어 du와 만날 때 어떻게 변하는지, 주어와 함께 써 보세요.

➡ _____

2. 다음 단어들을 순서에 맞게 배열하세요. (동사는 주어에 맞게 변형시키세요.)

❶ **Zeit / du / haben**

➡ _____ (너 시간 있어?)

❷ **du / haben / Stress**

➡ _____ (너 스트레스 받아?)

❸ **haben / Fieber / du**

➡ _____ (너 열 나?)

3. 질문에 알맞은 대답을 연결하세요.

❶ **Hast du viel Stress?** ·   · **Nein, ich habe keine Zeit.**

❷ **Hast du Fieber?** ·   · **Ja, ich habe sehr viel Stress.**

❸ **Hast du Zeit?** ·   · **Nein, ich habe kein Fieber.**

너 운동해?

Machst du Sport?

마크ㅎ슽   두   슈뽀어ㅌ

🎧 19-0.mp3   **무방비 상태로 3번씩 들어 보기** 👂   무슨 뜻일까요?

Machst du Sport?

Machst du Mittagspause?

Machst du Feierabend?

상대방이 평소 또는 지금 하는 행동에 대해 물어볼 수 있어요.

책을 펼치고
동영상 강의를 보면서
학습을 시작합니다.

  ✕   ✕

동영상 강의 보기   mp3 파일 듣기

🎧 19-1.mp3

너는 ~해?

마ㅋㅎ슡   두
Machst du ~?

직역하면 '너는 ~을 만들어?' 라는 의미의 문장으로
'너 지금 ~해?' 또는 '너는 평소에 ~를 해?' 질문을 할 수 있어요.
정말 궁금해서 묻는 게 아니더라도, 대화를 시작하기에 좋은 표현이에요.

Machst du Sport?
[마ㅋㅎ슡 두 슈뽀어트]

너 (평소에) 운동해?

Machst du Mittagspause?
[마ㅋㅎ슡 두 밑탁ㅅ파우제(z)]

너 (지금) 점심 휴식 시간이야?

Machst du Feierabend?
[마ㅋㅎ슡 두 파(f)이야아-벤트]

너 (지금) 퇴근해?

 die Mittagspause 점심 휴식 시간 참 die Kaffeepause [카페(f)파우제(z)] 커피 마시며 쉬는 시간

126

문장 파헤치기 : 파헤치면 이해된다!

동사   주어   목적어

Machst + du + _____ ?

machen 동사의 변화

뭔가를 만들거나 한다는 의미인 machen 동사는 주어 du를 만나면 machst로 모양이 변합니다. 앗, 주어가 du일 때 sein 동사는 bist, haben 동사는 hast, 그리고 machen 동사는 machst입니다. 슬슬 규칙성이 보이기 시작하지 않나요?

'Machst du~?' 문장 심화편

지금까지 배운 Sport machen, Pause machen 등은 관용적으로 쓰는 표현이라 관사(예: ein, das…)가 따로 필요 없었는데요, 반대로 관사가 꼭 필요한 문장들도 보여 드릴게요. 앞으로는 관사에 대한 이야기를 조금씩 해 보려고 하니, 일단은 고민 없이 아래 문장들을 소리내어 읽어 봅시다!

Machst du ein Foto? [마ㅋㅎ슽 두 아인 포(f)-토] 너 사진 찍어?
Machst du die Wäsche? [마ㅋㅎ슽 두 디 배(v)쉐] 너 빨래해?
Machst du einen Deutschkurs? [마ㅋㅎ슽 두 아이넨 도이취쿠어시] 너 독일어 수업 들어?

단어   ein Foto machen 사진 찍다 **참** ein Video machen [아인 비(v)디오 마ㅋ흔] 영상을 찍다 |
die Wäsche machen 빨래하다

발음 클리닉   강의 또는 음성을 들으면서 따라 하면 더 쉬워요!

machst du [마ㅋㅎ슽 두]	Deutschkurs [도이취쿠어시]
목구멍을 긁어서 내는 'ch [ㅋㅎ]' 발음, 다시 한 번 연습해 볼까요? 연습할 땐 일부러 더 과장스럽게 '크허~' 하고 목을 한껏 긁고 실전에서는 그보다 살짝 더 약하게 'ㅋㅎ' 정도로 발음하면 좋아요.	eu 조합의 발음을 복습해 볼까요? 입모양은 [오이]인데 소리는 [어이]를 낸다는 느낌으로 살짝 애매하게 발음해요. tsch 조합은 [츄] 소리가 난다고 배웠죠. 마지막으로 ur 조합은 [우어]로 발음하면 자연스러워요.

소통하기 : 배운 표현으로 회화 연습을 해 보자!

지난 파트와 이번 파트에서 배운 내용으로 이제 소통을 할 수 있게 되었습니다.
아래 대화를 들으면서 따라해 보고, 역할을 맡아 연습도 해 봅시다.

🎧 19-2.mp3

#1

Machst du Sport?
마크ㅎ슽　　두　　슈뽀어트

너 운동해?

Ja, ich mache Yoga.
야,　이ㅎ　마크헤　요-가

응, 나 요가 해.

#2

Machst du Mittagspause?
마크ㅎ슽　　두　　밋탁ㅅ파우제(z)

너 (지금) 점심 휴식 시간이야?

Nein, ich mache Feierabend.
나인,　이ㅎ　마크헤　파(f)이야아-벤트

아니, 나 퇴근해.

Cool, bis morgen!
쿠-ㄹ,　비ㅅ　모어겐

좋겠네. 내일 보자!

128

#3

 Machst du die Wäsche? 너 빨래해?

마ㅋㅎ슽 두 디 배(v)쉐

 Ja. Machst du Hausaufgaben? 응. 너는 숙제해?

야. 마ㅋㅎ슽 두 하우ㅅ아우f가-벤

 Nein, ich mache gerade Pause. 아니, 나 지금 쉬는 중이야.

나인, 이ㅎ 마ㅋ헤 게라-데 파우제(z)

단어 cool 멋지다, 쿨하다 (추임새로 쓰면 "좋네!" 정도의 의미) | was 무엇 (영어의 what) | nichts 아무것도 ~ 않다/없다 (영어의 nothing)

Tip gerade의 쓰임새가 잘 기억나지 않는다면 8과의 〈하나만 더〉p.59를 복습하고 오세요!

Plus

"Was machst du?" 뭐 해?

상대방이 무엇을 하는지 궁금할 땐 'Machst du ~?' 문장 앞에 영어의 what에 해당하는 의문사 was [바(v)ㅅ]를 넣어서 "Was machst du? [바(v)ㅅ 마ㅋㅎ슽 두]"라고 표현합니다. 문맥과 어조에 따라 "뭐하는 짓이야?" 하고 따지는 듯한 느낌도 줄 수 있어요.

A: Was machst du? [바(v)ㅅ 마ㅋㅎ슽 두] 뭐 해?

B: Nichts. [니ㅎ츠] 아무것도 안 해.

문제로 확인하기 : 이해도를 점검해 보자!

1. machen 동사가 주어 du와 만날 때 어떻게 변하는지, 주어와 함께 써 보세요.

➜ _____

2. 다음 단어들을 순서에 맞게 배열하세요. (동사는 주어에 맞게 변형시키세요.)

❶ machen / Sport / du

➜ _____ (너 운동해?)

❷ Mittagspause / du / machen

➜ _____ (너 점심 휴식 시간이야?)

❸ du / machen / Feierabend

➜ _____ (너 퇴근해?)

3. 질문에 알맞은 대답을 연결하세요.

❶ Machst du Sport? ·   · Ich mache die Wäsche.

❷ Machst du   ·   · Nein, ich mache gerade
Hausaufgaben?   Pause.

❸ Was machst du?   ·   · Nein, ich mache ein Video.

❹ Machst du ein Foto? ·   · Ja, machst du auch Sport?

너 고기 먹어?

Isst du Fleisch?

이슽   두   플(f)라이쉬

🎧 20-0.mp3   무방비 상태로 3번씩 들어 보기 👂   무슨 뜻일까요?

Isst du Fleisch?

Isst du gerne Schokolade?

Isst du viel Obst?

상대방이 먹는 것에 대해 물어볼 수 있어요.

책을 펼치고
동영상 강의를 보면서
학습을 시작합니다.

  동영상 강의 보기   ×   mp3 파일 듣기   ×

직접 말해 보기 : 입과 표정 준비 완료!

🎧 20-1.mp3

너는 ~ 먹어?

Isst du ~?

독일 사람들은 상상 이상으로 식성, 식습관, 알레르기가 다양합니다.
'Isst du ~?'은 단순히 음식에 대한 호불호를 묻는 것 이상으로 중요한 질문이에요.

Isst du Fleisch?   너 고기 먹어?

[이슽 두 플(f)라이쉬]

Isst du gerne Schokolade? 너 초콜릿 즐겨 먹어? (초콜릿 좋아해?)

[이슽 두 게아네 쇼콜라-데]

Isst du viel Obst?   너 과일 많이 먹어?

[이슽 두 피(f)-ㄹ 옵ㅅㅌ]

 gerne와 viel 표현이 잘 기억나지 않는다면, 각각 9과와 10과의 〈하나만 더〉p.65, 71를 복습하고 오세요!

문장 파헤치기 : 파헤치면 이해된다!

동사　　　　주어　　　　목적어

Isst + du + _____ ?

essen 동사의 변화

'먹다'라는 의미인 essen 동사는 주어 du를 만나면 isst로 모양이 변합니다. esst가 아니라 isst라는 것에 주의하세요! essen이 'Du isst…'로 변하는 경우처럼, 일반적인 동사보다 모양이 더 많이 변하는 동사를 가리켜 '불규칙 동사', '강변화 동사'라고 부릅니다.

'너는 ~ 안 먹어?'

독일에는 라이프스타일, 종교, 건강 등의 이유로 특정 음식을 엄격하게 제한하는 사람들이 많은데요. 'Isst du ~?' 문장에 부정어 kein만 넣으면 '너는 ~ 안 먹어?'라는 질문이 됩니다.

예　Isst du kein Fleisch? [이슽 두 카인 플(f)라이쉬] 너 고기 안 먹어?
　　Isst du keine Wurst? [이슽 두 카이네 부(v)어스트] 너 소시지 안 먹어?
　　Isst du keinen Fisch? [이슽 두 카이넨 피(f)쉬] 너 생선 안 먹어?

단어　die Wurst 소시지 | der Fisch 생선, 물고기

발음 클리닉 강의 또는 음성을 들으면서 따라 하면 더 쉬워요!

isst du [이슽 두]	Wurst [부(v)어스트]
isst [이ㅅ트]의 [이]는 아주 짧게 발음해야 해요. [이ㅡㅅ트] 하는 식으로 길게 늘여 발음하면 굉장히 어색하게 들린답니다. 독일어에서는 짧은 발음(단음)과 긴 발음(장음)을 확실히 구분해 주는 것이 한국어에서보다 훨씬 더 중요해요.	독일어 w가 영어의 v처럼 소리 난다는 건 이제 익숙하시죠? 이 단어에서는 ur 조합을 [우어]로 발음한다는 것에 다시 한번 주목해 주세요. 한국에서 독일 소시지를 판매하면서 Wurst를 '부르스트'라고 표기하기도 하는데, 원어 발음은 '부어스트'에 더 가깝답니다.

133

지난 파트와 이번 파트에서 배운 내용으로 이제 소통을 할 수 있게 되었습니다. 🎧 20-2.mp3
아래 대화를 들으면서 따라해 보고, 역할을 맡아 연습도 해 봅시다.

#1 ·····

Isst du Fleisch? 너 고기 먹어?
이슽 두 플(f)라이쉬

Ja, aber ich esse kein Schweinefleisch.
야, 아-바 이흐 에쎄 카인 슈바(v)이네플(f)라이쉬

응, 하지만 돼지고기는 안 먹어.

#2 ·····

Isst du gerne Schokolade? 너 초콜릿 좋아해?
이슽 두 게아네 쇼콜라-데

Ja, ich esse zu viel Schokolade. 응, 나 초콜릿 너무 많이 먹어.
야, 이흐 에쎄 츠쭈 피(f)-ㄹ 쇼콜라-데

Ich auch! 나도야!
이흐 아우ㅋㅎ

#3 ....

 Isst du viel Obst?
이슽 두 피(f)-ㄹ 옵ㅅㅌ

너 과일 많이 먹어?

 Ja, ich esse gerne Obst.
야, 이ㅎ 에쎄 게아네 옵ㅅㅌ

응, 나 과일 좋아해.

Aber ich esse kein Gemüse.
아-바 이ㅎ 에쎄 카인 게뮈-제(z)

하지만 나 채소는 안 먹어.

단어 **zu viel** 너무 많다 | **das Schweinefleisch** 돼지고기 | **das Gemüse** 채소

"Was isst du?" 너 뭐 먹어?

상대방이 무엇을 먹는지 궁금할 땐 'Isst du ~?' 문장 앞에 의문사 was를 넣어서 "Was isst du? [바(v)ㅅ 이슽 두]"라고 표현합니다. gerade를 추가해서 "Was isst du gerade? [바(v)ㅅ 이슽 두 게라-데]"라고 하면 "지금 뭐 먹어?"라는 좀 더 자연스러운 문장이 돼요.

A: Was isst du gerade? [바(v)ㅅ 이슽 두 게라-데] 지금 뭐 먹어?

B: Ich esse einen Dönner. [이ㅎ 에쎄 아이넨 되-나] 나 되너 먹어.

1. essen 동사가 주어 du와 만날 때 어떻게 변하는지, 주어와 함께 써 보세요.

➡ _____

2. 다음 단어들을 순서에 맞게 배열하세요. (동사는 주어에 맞게 변형시키세요.)

❶ Fleisch / essen / du

➡ _____ (너 고기 먹어?)

❷ gerne / Schokolade / essen / du

➡ _____ (너 초콜릿 좋아해?)

❸ du / essen / Obst / viel

➡ _____ (너 과일 많이 먹어?)

3. 질문에 알맞은 대답을 연결하세요.

❶ Was isst du gerade? ·   · Nein, ich esse kein Fleisch.

❷ Isst du viel
Schokolade? ·   · Ich esse gerade ein Eis.

❸ Isst du Fleisch? ·   · Ja, ich esse zu viel
Schokolade.

136

21과

너 술 안 마셔?

Trinkst du keinen Alkohol?

트링크슡   두   카이넨   알코홀

🎧 21-0.mp3   무방비 상태로 3번씩 들어 보기 👂   무슨 뜻일까요?

Trinkst du keinen Alkohol?

Trinkst du gerne Tee?

Trinkst du viel Kaffee?

상대방이 마시는 것에 대해 물어볼 수 있어요.

책을 펼치고
동영상 강의를 보면서
학습을 시작합니다.

 × ×

동영상 강의 보기   mp3 파일 듣기

직접 말해 보기 : 입과 표정 준비 완료!

🎧 21-1.mp3

너는 ~ 마셔?

트링크슡   두

Trinkst du ~?

독일에서 아직 서로 서먹한 사이에는 밥을 먹기보다
커피, 맥주 등을 함께 마시면서 가까워지는 경우가 많아요.
이럴 때 'Trinkst du ~?' 질문이 유용하겠죠?

Trinkst du keinen Alkohol?

너 술 안 마셔?

[트링크슡 두 카이넨 알코홀]

Trinkst du gerne Tee?

너 차 즐겨 마셔? (차 좋아해?)

[트링크슡 두 게아네 테-]

Trinkst du viel Kaffee?

너 커피 많이 마셔?

[트링크슡 두 피(f)-ㄹ 카페(f)]

단어   **der Alkohol** 술, 알코올

Tip   **der Wein** [바(v)인] (와인), **der Cocktail** [콕테일] (칵테일), **der Sekt** [젝(z)트] (샴페인) 등 대부분의 술
이름은 남성 명사예요. 예외적으로 맥주(**das Bier** [비-아])는 중성 명사라는 거! 독일인들이 맥주를 물(**das
Wasser** [바(v)싸])처럼 마셔서 맥주도 물처럼 중성 명사라는 우스갯소리가 있답니다.

138

문법 확인하기

동사   주어   목적어

Trinkst + du + _____ .

trinken 동사의 변화

'마시다'라는 의미의 trinken 동사는 주어 du를 만나면 trinkst로 모양이 변합니다. 'Du trinkst ~.' (너는 ~을 마신다) 문장에서 주어 동사 자리를 바꿔 'Trinkst du ~?' (너는 ~을 마셔?) 라는 의문문이 만들어진 것이고요.

"Trinkst du viel?" 너 술 많이 마셔?

목적어 없이 trinken 동사만으로 문장을 만들면 '술을 마신다'라는 의미로 받아들여져요. 'viel trinken [피(f)-ㄹ 트링켄]'이라고 하면 '술을 많이 마신다'라는 뜻입니다.

A: Trinkst du viel? [트링ㅋ슽 두 피(f)-ㄹ] 너 술 많이 마셔?

B: Ja, ich trinke zu viel. [야, 이ㅎ 트링케 ㅊ쭈 피(f)-ㄹ] 응, 나 술 너무 많이 마셔.

발음 클리닉   강의 또는 음성을 들으면서 따라 하면 더 쉬워요!

trinkst du [트링ㅋ슽 두]

많은 분들이 trinkst를 [트링ㅅ트] 하는 식으로, 마치 trink 부분의 발음이 [트링]인 것처럼 발음하시는데요. 엄밀히 따지면 trink [트링ㅋ]에 -st [ㅅㅌ]가 붙은 것이므로 trinkst [트링ㅋ스트] 라고 k 소리를 살려 발음해야 합니다. 이 작은 차이 하나로 발음의 퀄리티가 높아져요!

소통하기 : 배운 표현으로 회화 연습을 해 보자!

지난 파트와 이번 파트에서 배운 내용으로 이제 소통을 할 수 있게 되었습니다.
아래 대화를 들으면서 따라해 보고, 역할을 맡아 연습도 해 봅시다.

🎧 21-2.mp3

#1

 Trinkst du keinen Alkohol?
트링크슽   두   카이넨   알코홀

너 술 안 마셔?

Doch, aber ich trinke nicht zu viel.
도ㅋㅎ,   아-바   이ㅎ   트링케   니ㅎㅌ   츠쭈피(f)-ㄹ

마셔, 하지만 지나치게 많이 마시진 않아.

#2

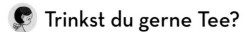 **Trinkst du gerne Tee?**
트링크슽   두   게아네   테-

너 차 즐겨 마셔?

Ja, ich trinke gerne Kamillentee.
야,   이ㅎ   트링케   게아네   카밀렌테-

응, 나는 캐모마일 차를 즐겨 마셔.

 Ich trinke lieber Jasmintee.
이ㅎ   트링케   리-바   야스민테-

나는 재스민 차를 더 즐겨 마셔.

#3

 Trinkst du viel Kaffee?
트링크슽 두 피(f)-ㄹ 카페(f)

너 커피 많이 마셔?

 Ja, und du?
야, 운 두

응, 너는?

 Ich trinke lieber Tee.
이ㅎ 트링케 리-바 테-

나는 차를 더 즐겨 마셔.

> **단어**   doch ('~안 해?', '~ 아니야?' 등 부정적 질문에 대한 답으로) 천만에 ┃ der Kamillentee 캐모마일 차 ┃
> der Jasmintee 재스민 차 ┃ lieber (gerne보다) ~을 더 선호하는; 차라리

> **Tip**   doch의 쓰임새가 기억 나지 않는다면 PART 1 〈쉬어가기〉p.39를 복습하고 오세요!

'Ich trinke lieber A (als B).' 나는 (B보다) A를 더 즐겨 마셔.

커피보다 차가, 맥주보다 사이다가 더 좋다고요? gerne의 비교급인 lieber를 활용해서 말해 보세요.
'~보다'라는 의미의 als를 넣어 주면 비교 대상까지 확실하게 밝힐 수 있습니다. (생략 가능)

예 Ich trinke lieber Kaffee (als Tee). [이ㅎ 트링케 리-바 카페(f) 알ㅅ 테-]
나는 (차 보다) 커피를 더 즐겨 마셔.

예 Ich trinke lieber Limonade (als Bier). [이ㅎ 트링케 리-바 리모나-데 알ㅅ 비-아]
나는 (맥주 보다) 과일 에이드를 더 즐겨 마셔.

1. trinken 동사가 주어 du와 만날 때 어떻게 변하는지, 주어와 함께 써 보세요.

➡ _____

2. 다음 단어들을 순서에 맞게 배열하세요. (동사는 주어에 맞게 변형시키세요.)

① keinen / trinken / du / Alkohol

➡ _____ (너 술 안 마셔?)

② Tee / gerne / trinken / du

➡ _____ (너 차 즐겨 마셔?)

③ du / viel / trinken / Kaffee

➡ _____ (너 커피 많이 마셔?)

3. 질문에 알맞은 대답을 연결하세요.

① Trinkst du keinen Alkohol? · · Nein, ich trinke keinen Tee.

② Trinkst du gerne Tee? · · Ja, ich trinke zu viel Kaffee.

③ Trinkst du viel Kaffee? · · Doch, ich trinke zu viel.

학습일 :   월   일

너 드라마 봐?

Schaust du Serien?
샤우슽   두   제(z)-리엔

🎧 22-0.mp3   무방비 상태로 3번씩 들어 보기 👂   무슨 뜻일까요?

Schaust du Serien?

Schaust du gerne Fußball?

Schaust du zuhause Fernsehen?

상대방이 보는 것에 대해 물어볼 수 있어요.

책을 펼치고
동영상 강의를 보면서
학습을 시작합니다.

 × ×

동영상 강의 보기   mp3 파일 듣기

🎧 22-1.mp3

너는 ~ 봐?

Schaust du ~?

'~를 보다, 시청하다'라는 의미인 schauen 동사를 활용한
'Schaust du~?' 문장으로 상대가 즐겨 보는 것에 대해 이야기 나누며 친해져 봐요.

Schaust du Serien?   너 드라마 봐?

[샤우슫 두 제(z)-리엔]

Schaust du gerne Fußball? 너 축구 즐겨 봐? (축구 좋아해?)

[샤우슫 두 게아네 푸(f)-ㅆ발]

Schaust du zuhause Fernsehen?   너 집에서 텔레비전 봐?

[샤우슫 두 ㅊ쭈하우제(z) 페(f)안제(z)-엔]

단어 **die Serien** (복수) 시리즈물, 드라마

Tip "Schaust du Serien?"의 경우, Serien을 단수로 써서 "Schaust du eine Serie? [샤우슫 두 아이네 제(z)-리어]"라고 하면 의미가 달라지는데요. 전자는 "뭐 드라마 보는 거 있어?"라면 후자는 "너 지금 드라마 보는 거야?"의 느낌이에요.

문장 파헤치기 : 파헤치면 이해된다!

문법 확인하기

동사   주어   목적어

Schaust + du + _____ .

여러 동사의 변화 규칙

이쯤되면 schauen 동사가 주어 du를 만나면 schaust로 모양이 변한다는 걸 짐작하실 거예요. 지금까지 배운 동사들이 주어가 ich일 때와 du일 때 각각 어떻게 변하는지 정리해서 살펴 보고, 간단한 규칙성을 찾아 볼까요?

주어＼동사	sein	haben	machen	essen	trinken	schauen
ich	bin	habe	mache	esse	trinke	schaue
du	bist	hast	machst	isst	trinkst	schaust

sein 동사만 빼면 모두 주어가 ich일 땐 -e, du일 땐 -st로 끝나는 공통점이 있네요. 좀 더 정확히 설명하자면, 동사 끝의 -en을 뺀 부분('동사핵'이라고 부를게요)에 주어에 따라 다른 어미를 붙여 주는 거예요. 지금은 주어 ich와 du, 두 가지밖에 배우지 않았지만, 앞으로 그녀, 그들 등 더 다양한 주어를 배우게 될 때도 이 규칙을 기억하세요!

발음 클리닉   강의 또는 음성을 들으면서 따라 하면 더 쉬워요!

Serien [제(z)-리엔]	**Fernsehen** [페(f)안제(z)-엔]
단어 맨 앞에 s가 오면 영어의 z처럼 혀끝을 진동하며 발음해요. se 부분을 너무 빨리 발음하고 지나가지 말고, 약간 더 시간을 들여 [제(z)-] 하고 길게 발음하는 게 중요해요. 독일어에서 장단음 (긴 소리와 짧은 소리)이 무척 중요하다고 했었죠?	r 발음이 까다롭다고 많이들 얘기하지만, 모음 뒤에 r가 오는 경우(ur, er 등) 요령만 알면 아주 자연스럽게 발음할 수 있어요. er 조합은 단어 중간에 오면 [에아], 단어 끝에 오면 [아-] 느낌으로 발음하면 돼요.

145

지난 파트와 이번 파트에서 배운 내용으로 이제 소통을 할 수 있게 되었습니다.
아래 대화를 들으면서 따라해 보고, 역할을 맡아 연습도 해 봅시다.

🎧 22-2.mp3

#1 ....

Schaust du Serien?
샤우슽   두   제(z)-리엔

너 드라마 봐?

Ja, ich schaue gerne Krimiserien.
야, 이흐   샤우어   게아네   크리미제(z)-리엔

응, 나 범죄 수사 드라마 좋아해.

#2 ....

Schaust du gerne Fußball?
샤우슽   두   게아네   푸(f)-쓰발

너 축구 즐겨 봐?

Nein, ich schaue lieber Basketball.
나인, 이흐   샤우어   리-바   바스켓발

아니, 나는 농구를 더 즐겨 봐.

Langweilig.
랑바(v)일리흐

재미 없네.

#3 ··

 Schaust du zuhause Fernsehen? 너 집에서 텔레비전 봐?
샤우슡　　　두　　　ㅊ쭈하우제(z)　　　페(f)안제(z)-엔

 Nein, ich schaue lieber Livestream.
나인,　　이ㅎ　　샤우어　　　리-바　　　라이브(v)스트림

아니, 나는 라이브스트림을 더 즐겨 봐.

 Ich auch.
이ㅎ　　아우ㅋㅎ

나도.

 단어 die Krimiserien (복수) 범죄 수사 드라마 | der Basketball 농구 | langweilig 재미 없다, 지루하다

 Tip zuhause 표현이 기억나지 않는다면 11과의 〈하나만 더〉p.77를 복습하고 오세요!

"Was schaust du?" 너 뭐 보는 중이야?

상대방이 무엇을 보는 중인지 궁금할 땐 'Schaust du ~?' 문장 앞에 의문사 was를 넣어서 "Was schaust du? [바(v)ㅅ 샤우슡 두]"라고 표현합니다. gerade를 추가해서 "Was schaust du gerade? [바(v)ㅅ 샤우슡 두 게라-데]"라고 하면 "지금 뭐 보는 중이야?"라는 좀 더 자연스러운 문장이 돼요.

A: Was schaust du gerade? [바(v)ㅅ 샤우슡 두 게라-데] 너 지금 뭐 봐?

B: Ich schaue ein YouTube-Video. [이ㅎ 샤우어 아인 유튭비(v)디오] 나 유튜브 영상 봐.

1. schauen 동사가 주어 du와 만날 때 어떻게 변하는지, 주어와 함께 써 보세요.

➡ _____

2. 다음 단어들을 순서에 맞게 배열하세요. (동사는 주어에 맞게 변형시키세요.)

① Serien / du / schauen

➡ _____ (너 드라마 봐?)

② gerne / Fußball / schauen / du

➡ _____ (너 축구 즐겨 봐?)

③ Fernsehen / schauen / du / zuhause

➡ _____ (너 집에서 텔레비전 봐?)

3. 질문에 알맞은 대답을 연결하세요.

① Schaust du Serien?   ·

· Ja, ich schaue gerne Fernsehen.

② Schaust du gerne Fußball?   ·

· Nein, ich schaue lieber Basketball.

③ Schaust du zuhause Fernsehen?   ·

· Nein, ich schaue lieber Filme.

23과

너 집에 가?

Gehst du nach Hause?

게-슽   두   나ㅋㅎ   하우제(z)

무방비 상태로 3번씩 들어 보기 👂

무슨 뜻일까요?

Gehst du nach Hause?

Gehst du einkaufen?

Gehst du allein spazieren?

상대방이 어디에 가는지 물어볼 수 있어요.

책을 펼치고
동영상 강의를 보면서
학습을 시작합니다.

동영상 강의 보기   ✕   mp3 파일 듣기   ✕

직접 말해 보기 : 입과 표정 준비 완료!

🎧 23-1.mp3

너 ~에 가? / 너 ~하러 가?

Gehst du ~?

~에 집, 학교 등의 목적지를 넣으면 '너 ~에 가?' 라는 표현이 되고,
장 보다, 산책하다 등의 행동을 넣으면 '너 ~하러 가?' 라는 의미가 돼요.

Gehst du nach Hause?
[게-슡 두 나ㅋㅎ 하우제(z)]

너 집에 가?

Gehst du einkaufen?
[게-슡 두 아인카우펜(f)]

너 장 보러 가?

Gehst du allein spazieren?
[게-슡 두 알라인 슈빠ㅊ찌-언]

너 혼자 산책하러 가?

 단어   einkaufen 장 보다

150

문법 확인하기

동사　　　주어　　　장소 / 행동
Gehst + du + _____ ?

gehen 동사의 변화

'(~에/하러) 가다'라는 의미인 gehen 동사는 주어 du를 만나면 동사핵 geh에 -st가 붙어 gehst로
모양이 변해요. gehen의 목적어로는 장소 이름이나 어떤 행위를 나타내는 동사원형이 올 수 있는데요.
장소 이름을 목적어로 쓸 때는, 그 장소에 어울리는 전치사(~로, ~에 등)를 함께 써 줘야 합니다.

다양한 전치사 + 장소

nach Hause [나ㅋㅎ 하우제(z)] 집으로　➡　"Gehst du nach Hause?" 너 집에 가?
zur Schule [츠쭈어 슈-ㄹ레] 학교에　➡　"Gehst du zur Schule?" 너 학교에 가?
ins Büro [인ㅅ 뷔로] 사무실에　➡　"Gehst du ins Büro?" 너 사무실에 가?

단어　das Büro 사무실

발음 클리닉　강의 또는 음성을 들으면서 따라 하면 더 쉬워요!

# gehst du [게-슡 두]	# Büro [뷔로]
gehen 동사의 h는 소리가 나는 알파벳이 아니라, 앞에 있는 e를 길게 만드는, 즉 장음을 위한 h예요. 그러니 geh [게-] 부분에 충분히 시간을 들여 발음하세요. 독일어 특유의 e 발음, 즉 입을 옆으로 찢어 [이]에 가까울 정도로 내는 [에] 발음도 잊지 마세요!	입술을 '우~'하고 앞으로 쭉 빼고, 입 모양을 고정한 채 '위' 소리를 낸다고 생각하면 우 움라우트(ü) 발음이 되죠. 또한 Büro의 경우 강세가 뒤로 보내져서, Büro ╱ 하고 뒤를 올리며 읽으면 완벽합니다.

소통하기 : 배운 표현으로 회화 연습을 해 보자!

지난 파트와 이번 파트에서 배운 내용으로 이제 소통을 할 수 있게 되었습니다.
아래 대화를 들으면서 따라해 보고, 역할을 맡아 연습도 해 봅시다.

🎧 23-2.mp3

#1

Gehst du nach Hause?
게-슽   두   나ㅋㅎ   하우제(z)

너 집에 가?

Nein, ich gehe zu Daniel.
나인,   이ㅎ   게-어   츠쭈   다니엘

아니, 나 다니엘네 가.

Viel Spaß!
피(f)-ㄹ   슈파-ㅆ

즐거운 시간 보내!

#2

Gehst du einkaufen?
게-슽   두   아인카우펜(f)

너 장 보러 가?

Ja, ich gehe mit Freunden einkaufen.
야,   이ㅎ   게-어   밑   프(f)로인든   아인카우펜(f)

응, 나 친구들이랑 장 보러 가.

#3 ···

 Gehst du allein spazieren?
게-슡 두 알라인 슈파ㅊ찌-언

너 혼자 산책하러 가?

 Ja, ich will Pause machen.
야, 이ㅎ 빌(v) 파우제(z) 마ㅋ흔

응, 나 쉬고 싶어.

단어 Viel Spaß! 즐거운/재미 있는 시간 보내! [참] der Spaß 재미

Tip 'zu + 사람'은 '~네 집으로', 'bei + 사람'은 '~네 집에서' 라는 의미예요.

gehen과 fahren

한국어는 걸어 가든, 차 타고 가든, 기차 타고 가든 모두 '간다'고 표현하지요. 그런데 독일어는 뭔가를 타고 가는 게 명확한 경우 '운전하다, (탈 것을) 타고 가다'라는 의미의 fahren [파(f)-른] 동사를 즐겨 씁니다. fahren 동사는 주어 du를 만나면 fährst [패(f)아ㅅ트]로 모양이 많이 변해요. 끝에 -st가 붙는 것뿐만 아니라 중간의 a 가 ä로 변한다는 것을 기억해 주세요.

A: Fährst du nach Hause? [패(f)아슡 두 나ㅋㅎ 하우제(z)] 너 집에 (차 타고) 가?

B: Nein, ich fahre ins Büro. [나인, 이ㅎ 파(f)-레 인ㅅ 뷔로] 아니, 나 사무실에 (차 타고) 가.

153

문제로 확인하기 : 이해도를 점검해 보자!

1. gehen 동사가 주어 du와 만날 때 어떻게 변하는지, 주어와 함께 써 보세요.

➡ _____

2. 다음 단어들을 순서에 맞게 배열하세요. (동사는 주어에 맞게 변형시키세요.)

① gehen / Hause / du / nach

➡ _____ (너 집에 가?)

② einkaufen / du / gehen

➡ _____ (너 장 보러 가?)

③ allein / du / gehen / spazieren

➡ _____ (너 혼자 산책하러 가?)

3. 질문에 알맞은 대답을 연결하세요.

① Gehst du nach
Hause?   ·

· Nein, ich gehe mit
Freunden spazieren.

② Gehst du einkaufen? ·

· Nein, ich gehe arbeiten.

③ Gehst du allein
spazieren?   ·

· Ja, ich muss nach Hause
gehen.

154

24과

너 떡볶이 좋아해?

Magst du Tteokbokki?
마-ㅋ슽   두   떡볶이

🎧 24-0.mp3   무방비 상태로 3번씩 들어 보기 👂   무슨 뜻일까요?

Magst du Tteokbokki?

Magst du das Café?

Magst du Katzen oder Hunde?

상대방이 무엇을 좋아하는지 물어볼 수 있어요.

책을 펼치고
동영상 강의를 보면서
학습을 시작합니다.

 × ×

동영상 강의 보기   mp3 파일 듣기

직접 말해 보기 : 입과 표정 준비 완료!

🎧 24-1.mp3

너 ~ 좋아해?

마-ㅋ슽   두
Magst du ~.

'~을 좋아하다'라는 의미인 mögen 동사가 주어 du를 만났어요.
상대가 무엇을 좋아하는지, A와 B 중 어느 쪽을 선호하는지 등을 물어볼 수 있어요.

Magst du Tteokbokki?

[마-ㅋ슽 두 떡볶이]

너 떡볶이 좋아해?

Magst du das Café?

[마-ㅋ슽 두 다ㅅ 카페(f)╱]

너 그 카페 좋아해?

Magst du Katzen oder Hunde?

[마-ㅋ슽 두 캍ㅊ쯘 오다 훈데]

너 고양이가 좋아, 강아지가 좋아?

단어   **die Tteokbokki** (항상 복수) 떡볶이

Tip   "Magst du A oder B? (A가 좋아 B가 좋아?)" 문장에 lieber를 넣어서 "Magst du <u>lieber</u> A oder B?"
라고도 자주 표현해요. "A 또는 B 중 어느 쪽이 더(lieber) 좋아?"라는 의미입니다.

문법 확인하기

동사 주어 목적어

Magst + du + _____ ?

mögen 동사의 변화

mögen 동사는 주어에 따라 모양이 많이 변하는 것에 주의해야 합니다. 주어가 ich일 땐 mag, 주어가 du일 땐 magst로 변해요. 동사의 모양 자체는 변화가 심할지 몰라도 주어가 du일 때 -st로 끝나는 것은 한결같죠?

조동사로서의 mögen 동사

여러분이 슬슬 조동사에 익숙해진 이 시점에서 말씀드리면, mögen 동사도 사실은 조동사 그룹에 속한답니다. 일상 회화에서는 마치 단순 동사인 것처럼 많이 쓰일 뿐이죠. mögen이 조동사로 쓰일 때에는 의향, 호불호, 추측의 의미를 나타내기도 해요. mögen을 좀 더 정중한 형태로 바꾼 것이 바로 14과에서 배운 möchten 조동사인 거고요. 이제 보니 둘이 닮았죠?

조동사 mögen에 동사원형을 더해 'Magst du ~ 동사원형?' 하면 '너 (혹시) ~하겠니?/할래?' 하고 상대방의 의향을 넌지시 묻는 표현이 됩니다.

예 Magst du Tteokbokki essen? [마-ㅋ슽 두 떡볶이 에쎈] 너 떡볶이 먹을래?

예 Magst du lieber allein sein? [마-ㅋ슽 두 리-바 알라인 자(z)인] 너 차라리 혼자 있을래?

단어 allein sein 혼자 있다

Tip 'Magst du ~ 동사원형?' 문장에 부정문을 만들어 주는 nicht를 넣으면
'Magst du nicht ~ 동사원형?(너 ~하지 않겠니?/않을래?)' 라고 표현할 수 있어요.

예 Magst du <u>nicht</u> einen Film schauen? [마-ㅋ슽 두 니ㅎㅌ 아이넨 피(f)ㄹㅁ 샤우언]
너 영화 보지 않을래?

예 Magst du <u>nicht</u> spazieren gehen? [마-ㅋ슽 두 니ㅎㅌ 슈파ㅊ찌-언 게-은]
너 산책하러 가지 않을래?

소통하기 : 배운 표현으로 회화 연습을 해 보자!

지난 파트와 이번 파트에서 배운 내용으로 이제 소통을 할 수 있게 되었습니다.
아래 대화를 들으면서 따라해 보고, 역할을 맡아 연습도 해 봅시다.

🎧 24-2.mp3

#1 ....

 Magst du Tteobbokki?　　　　　　　너 떡볶이 좋아해?
마-ㅋ슽　두　　　떡볶이

Ja, ich liebe Tteobbokki!　　　　　응, 나 떡볶이 사랑하지!
야,　이ㅎ　리-베　　떡볶이

#2 ....

Magst du das Café?　　　　　　　너 그 카페 좋아해?
마-ㅋ슽　두　다ㅅ　카페(f)／

Nein, ich mag das Café nicht.　아니, 나 그 카페 안 좋아해.
나인,　이ㅎ　마-ㅋ　다ㅅ　카페(f)／ 니ㅎㅌ

Warum?　　　　　　　　　　　　　　　왜?
바(v)룸

Zu teuer.　　　　　　　　　　　　　너무 비싸.
츠쭈　토이아

158

#3 ....

 ## Magst du lieber Katzen oder Hunde?
마-ㅋ슽   두   리-바   캍ㅊ쯘   오다   훈데

너 고양이 또는 강아지 중 어느 쪽이 더 좋아?

 ## Ich mag Hunde lieber.
이ㅎ   마-ㅋ   훈데   리-바

나 강아지가 더 좋아.

 ## Hast du einen Hund?
하슽   두   아이넨   훈트

너 강아지 있어?

 ## Nein, leider nicht.
나인,   라이다   니ㅎ트

아니, 아쉽게도 없어.

 단어   warum 왜 (의문사) | teuer 비싸다 | leider 아쉽게도, 유감스럽게도

 Plus

의문사
독일어 의문사는 모두 알파벳 w로 시작한답니다.

wer [베(v)아] 누가, wann [반(v)] 언제, wo [보(v)] 어디서,

was [바(v)ㅅ] 무엇을, wie [비(v)] 어떻게, warum [바(v)룸] 왜

문장에서 의문사의 위치는 맨 앞이에요. "너는 강아지를 왜 좋아하니?"라고 묻고 싶을 땐 "Warum magst du
Hunde?"라고 하면 끝. 간단하죠?

159

문제로 확인하기 : 이해도를 점검해 보자!

1. mögen 동사가 주어 du와 만날 때 어떻게 변하는지, 주어와 함께 써 보세요.

➡ _____

2. 다음 단어들을 순서에 맞게 배열하세요. (동사는 주어에 맞게 변형시키세요.)

❶ Tteokbokki / du / mögen

➡ _____ (너 떡볶이 좋아해?)

❷ das / du / mögen / Café

➡ _____ (너 그 카페 좋아해?)

❸ oder / mögen / Katzen / du / Hunde

➡ _____ (너 고양이가 좋아, 강아지가 좋아?)

3. 질문에 알맞은 대답을 연결하세요.

❶ Magst du   ·   · Nein, ich mag das Café
   Tteokbokki?   nicht.

❷ Magst du das Café? ·   · Ja, ich mag Tteokbokki
                                      sehr gerne.

❸ Magst du Katzen   ·   · Ich mag Katzen lieber.
   oder Hunde?

160

너 뭐 하고 싶어?

Was willst du machen?

바(v)ㅅ   빌(v)슽   두   마크흔

🎧 25-0.mp3   **무방비 상태로 3번씩 들어 보기** 👂   무슨 뜻일까요?

Was willst du machen?

Was willst du essen?

Was willst du (denn) sagen?

상대방이 원하는 것을 물어볼 수 있어요.

책을 펼치고
동영상 강의를 보면서
학습을 시작합니다.

 동영상 강의 보기 ✕ mp3 파일 듣기 ✕

너 무엇을 ~고 싶어?

Was willst du ~?

~에 다양한 동사원형을 넣어
상대가 하고 싶은 것, 먹고 싶은 것, 말하고 싶은 것 등을 질문합니다.

Was willst du machen?

[바(v)ㅅ 빌(v)슽 두 마ㅋ흔]

너 뭐 하고 싶어?

Was willst du essen?

[바(v)ㅅ 빌(v)슽 두 에쎈]

너 뭐 먹고 싶어?

Was willst du (denn) sagen?

[바(v)ㅅ 빌(v)슽 두 (덴) 자(z)-겐]

너 (대체) 무슨 말이 하고 싶어?

 sagen 말하다 | denn 도대체 (의문문에서 '대체 뭔데?', '뭔데 그래?'하고 의미를 강조해 주는 역할)

문법 확인하기

의문사 　　　 동사 　　　 주어 　　　 목적어

Was + willst + du + _____ ?

조동사 wollen의 변화

조동사는 동사원형과 함께 나와서 '(동사)하고 싶다', '(동사)해야 한다' 등의 다양한 의미를 만든다고 배
웠죠. 또, 누가 봐도 의미가 뻔한 문장에서는 동사원형을 생략해 버리고 조동사만 쓰기도 한다는 것도요.
'~고 싶다'는 의지를 나타내는 조동사 wollen은 주어 du를 만나면 willst로 모양이 변합니다. wollst
가 아닌 것에 주의하세요!

was 의문문

'Willst du~?'라고 하면 '너 ~ 하고 싶어?'라는 질문이 되는데요. 문장 맨 앞에 24과에서 배운 여섯 개
의문사 중 '무엇을'에 해당하는 was를 넣어서 'Was willst du ~? (너 무엇을 ~ 하고 싶어?)' 라는 문
장이 되었어요.

- Was willst du kaufen? [바(v)ㅅ 빌(v)슽 두 카우픈(f)] 너 뭐 사고 싶어?
  Was willst du mitnehmen? [바(v)ㅅ 빌(v)슽 두 밑네-멘] 너 뭐 가져가고 싶어?
  Was willst du? [바(v)ㅅ 빌(v)슽 두] 너 뭘 원해?*
  *서로가 같은 행동을 하고 있는 경우, 즉 의미가 뻔한 경우에는 이렇게 동사를 생략하고 물어볼 수 있어요.
  아주 친절한 느낌은 아니라서, 친한 사이가 아니라면 시비 거는 느낌이 들기도 합니다.

> 단어　kaufen 사다 | mitnehmen (우산 등을) 챙겨가다; (사람을) 데려가다; 무료로 가져가다

> Tip　'Was willst du ~?'를 더 정중하게 표현하려면 조동사 wollen을 möchten으로 바꿔 'Was möchtest
> du ~? [바(v)ㅅ 뫼ㅎ테슽 두] 라고 하면 돼요. 'Was willst du ~?' 문장 자체가 예의 없는 표현은 아니지만,
> 상황과 문맥에 따라 너무 직설적일 수도 있거든요.

지난 파트와 이번 파트에서 배운 내용으로 이제 소통을 할 수 있게 되었습니다.
아래 대화를 들으면서 따라해 보고, 역할을 맡아 연습도 해 봅시다.

🎧 25-2.mp3

#1 ....

Was willst du machen?
바(v)ㅅ 빌(v)슈트 두 마크흔

너 뭐 하고 싶어?

Ich will zuhause eine Serie schauen.
이흐 빌(v) ㅊ쭈하우제(z) 아이네 제(z)-리어 사우언

나 집에서 드라마 보고 싶어.

#2 ....

Was willst du essen?
바(v)ㅅ 빌(v)슈트 두 에쎈

너 뭐 먹고 싶어?

Keine Idee. Und du?
카이네 이데-. 운 두

모르겠어. 넌?

Ich habe auch keine Idee.
이흐 하-베 아우ㅋㅎ 카이네 이데-

나도 모르겠어.

#3

Hey, du... ich...
헤이,　　두　　이ㅎ

야, 있잖아… 나…

Was willst du denn sagen?
바(v)ㅅ　빌(v)슽　두　　덴　　자(z)-겐

너 대체 무슨 말이 하고 싶어?

Nichts!
니ㅎㅊ

아무것도 아니야!

Was denn!
바(v)ㅅ　　덴

뭐야 대체!

단어 **die Idee** 생각, 아이디어 참 **Keine Idee.** 모르겠어. | **hey** 야, 저기; 안녕 (친근한 인사말)

165

문제로 확인하기 : 이해도를 점검해 보자!

1. wollen 동사가 주어 du와 만날 때 어떻게 변하는지, 주어와 함께 써 보세요.

➡ _____

2. 다음 단어들을 순서에 맞게 배열하세요. (동사는 주어에 맞게 변형시키세요.)

① wollen / du / was / machen

➡ _____ (너 뭐 하고 싶어?)

② du / essen / wollen / was

➡ _____ (너 뭐 먹고 싶어?)

③ sagen / denn / du / was / wollen

➡ _____ (너 대체 무슨 말이 하고 싶어?)

3. 질문에 알맞은 대답을 연결하세요.

① Was willst du machen?　　·

② Was willst du essen?　·

③ Was willst du denn sagen?　·

· Ich will nach Hause gehen.

· Ich will nichts sagen.

· Keine Idee. Was willst du denn essen?

166

너 기타 칠 수 있어?

Kannst du Gitarre spielen?

칸슽   두   기타레   슈삐-ㄹ른

🎧 26-0.mp3 | 무방비 상태로 3번씩 들어 보기 👂 | 무슨 뜻일까요?

Kannst du Gitarre spielen?

Kannst du Koreanisch sprechen?

Kannst du nicht Auto fahren?

상대방이 할 수 있는 것에 대해 물어볼 수 있어요.

책을 펼치고
동영상 강의를 보면서
학습을 시작합니다.

 × ×

동영상 강의 보기   mp3 파일 듣기

직접 말해 보기: 입과 표정 준비 완료!

🎧 26-1.mp3

너 ~할 수 있어?

Kannst du ~?

'너 ~할 수 있어?' 하고 가능 여부를 묻는 질문이에요.
'너 ~해 줄 수 있어?' 하고 부탁할 때도 쓸 수 있는 표현입니다.

Kannst du Gitarre spielen?
[칸슽 두 기타레 슈삐-ㄹ른]
너 기타 칠 수 있어?

Kannst du Koreanisch sprechen?
[칸슽 두 코레아-니쉬 슈프레헨]
너 한국어 할 수 있어?

Kannst du nicht Auto fahren?
[칸슽 두 니ㅎㅌ 아우토 파(f)-른]
너 자동차 운전할 수 없어?

단어 die Gitarre 기타 [참] das Klavier [클라비(v)-아] 피아노, die Geige [가이게] 바이올린 | spielen (악기를) 연주하다; 놀다 (영어의 play에 해당)

Tip 영어에서는 악기 이름 앞에 꼭 정관사 the를 붙여야 하지만, 독일어는 그렇지 않아요.

문법 확인하기

조동사	주어	목적어, 부사 등	동사원형

Kannst + du + _____ + _____ ?

조동사 können의 변화

'~을 할 수 있다'를 나타내는 조동사 können은 주어 du를 만나면 kannst로 모양이 변해요. könnst 가 아니라 kannst인 것에 주의해야 합니다. 'Kannst du ~?' 의문문은 '너 ~ 할 수 있어?'라는 기본 의 미 외에, '너 ~해 줄 수 있어?' 라는 부탁의 의미로도 쓸 수 있어요.

- 예 Kannst du die Tür schließen? [칸슡 두 디 튀-어 슐리-쓴]

  너 문 닫아 줄 수 있어? (= 문 닫아 줄래?)

'Kannst du nicht ~?' 너 ~할 수 없어?

'Kannst du ~?' 문장에 부정문을 만들어 주는 nicht를 넣어 '너 ~할 수 없어?'라고도 표현할 수 있 어요. 상황에 따라서는 '너 ~할 수 없겠니?' 하고 다그치는 듯한 느낌을 줄 수도 있으니 조심하세요.

- 예 Kannst du nicht viel essen? [칸슡 두 니ㅎㅌ 피(f)-ㄹ 에쓴] 너 많이 먹을 수 없어?
- 예 Kannst du nicht gehen? [칸슡 두 니ㅎㅌ 게-언] 너 갈 수 없겠니? (= 꺼져 줄래?)

단어 die Tür [튀-어] 문 [참] das Fenster [펜(f)스타] 창문 | schließen [슐리-쓴] (문, 창문 등을) 닫다

발음 클리닉 강의 또는 음성을 들으면서 따라 하면 더 쉬워요!

spielen [슈삐-ㄹ른]	schließen [슐리-쓴]
spi- 부분을 [슈피]하고 읽으면 너무 약하고, [슈 삐] 정도로 강하게 발음해야 느낌이 살아요. ie 조합은 [이-]하고 길게 발음합니다.	[슈] 소리가 나는 sch 조합에, ie [이-] 장음, 그 리고 '에스체트(Eszett)'라는 이름의 특수 알파 벳 ß까지 모두 들어 있는 단어예요. 에스체트는 모양도 이름도 참 독특하지만, 발음은 ss [씨] 하 고 친숙한 소리가 난답니다.

169

지난 파트와 이번 파트에서 배운 내용으로 이제 소통을 할 수 있게 되었습니다.
아래 대화를 들으면서 따라해 보고, 역할을 맡아 연습도 해 봅시다.

🎧 26-2.mp3

#1 ....

Kannst du Gitarre spielen?

너 기타 칠 수 있어?

칸슽　　두　　기타레　　　슈삐-ㄹ른

Nein, ich kann nicht Gitarre spielen.

나인,　이ㅎ　칸　　니ㅎㅌ　　기타레　　슈삐-ㄹ른

아니, 나 기타 칠 수 없어.

Aber ich kann Klavier spielen.

아-바　이ㅎ　칸　　클라비(v)-아　　슈삐-ㄹ른

하지만 나 피아노는 칠 수 있어.

#2 ....

Kannst du Koreanisch sprechen? 너 한국어 할 수 있어?

칸슽　　두　　코레아-니쉬　　　슈프레헨

Nein. Und du?

나인.　　운　두

아니. 넌?

Ich bin doch Koreanerin!

이ㅎ　빈　도ㅋㅎ　코레아-나린

나 한국인이거든!

#3 ·······

 Kannst du nicht Auto fahren? 너 자동차 운전할 수 없어?

칸슽 두 니ㅎㅌ 아우토 파(f)-른

 Doch, ich fahre jeden Tag Auto.

도ㅋㅎ, 이ㅎ 파(f)-레 예덴 타-ㅋ 아우토

천만에, 나 매일 자동차 운전해.

단어 **jeden Tag** 매일 |참| **jede Woche** [예데 보(v)ㅋ헤] 매주, **jedes Jahr** [예데ㅅ 야–] 매년 |
doch 문장 속에서 '∼거든!', '∼인 걸!' 하고 의미를 강조하는 역할

'Kannst du bitte ~?' 문장으로 더 정중하게 부탁하기

'Kannst du ~?' 문장을 '∼해 줄 수 있어?'라는 청유문으로 쓸 때 유용한 것이 바로 bitte [비테]입니다. bitte 는 영어의 please에 해당하는 표현으로, PART 1에서 "Danke. (고마워)"에 대한 화답으로 "Bitte. (천만에)" 가 등장했지요. 그런데 누군가에게 부탁할 때 '제발, 부디, 좀'의 의미로도 bitte를 쓸 수 있답니다.

예 **Kannst du bitte das Fenster schließen?** [칸슽 두 비테 다ㅅ 펜(f)스타 슐리–쓴]

창문을 좀 닫아 줄 수 있겠니?

171

1. können 동사가 주어 du와 만날 때 어떻게 변하는지, 주어와 함께 써 보세요.

➡ _____

2. 다음 단어들을 순서에 맞게 배열하세요. (동사는 주어에 맞게 변형시키세요.)

❶ Gitarre / können / spielen / du

➡ _____ (너 기타 칠 수 있어?)

❷ können / du / Koreanisch / sprechen

➡ _____ (너 한국어 할 수 있어?)

❸ fahren / Auto / können / du / nicht

➡ _____ (너 자동차 운전할 수 없어?)

3. 질문에 알맞은 대답을 연결하세요.

❶ Kannst du Gitarre   ·
spielen?

· Doch, ich fahre jeden Tag
Auto.

❷ Kannst du Koreanisch ·
sprechen?

· Nein, aber ich kann Klavier
spielen.

❸ Kannst du nicht Auto ·
fahren?

· Nein, aber ich kann
Deutsch sprechen.

너 내일 일찍 일어나야 해?

Musst du morgen früh aufstehen?

무슽   두   모어겐   프(f)뤼-   아우f슈떼-언

🎧 27-0.mp3   무방비 상태로 3번씩 들어 보기 👂   무슨 뜻일까요?

Musst du morgen früh aufstehen?

Musst du unbedingt nach Hause?

Wann musst du deine Eltern besuchen?

상대방이 해야 하는 것에 대해 물어볼 수 있어요.

책을 펼치고
동영상 강의를 보면서
학습을 시작합니다.

 × ×

동영상 강의 보기   mp3 파일 듣기

직접 말해 보기: 입과 표정 준비 완료!

🎧 27-1.mp3

너 ~해야 해?

Musst du ~?

상대에게 어떤 일을 해야만 하냐고 물을 때 'Musst du ~?' 문장이 유용합니다.
상황에 따라서는 '너 지금 꼭 가야 돼? 더 놀자!' 하고 살짝 투정이 섞인 표현이 될 수도 있답니다.

Musst du morgen früh aufstehen?

[무슫 두 모어겐 프(f)뤼- 아우f슈떼-언]　　　　　　　　　　너 내일 일찍 일어나야 해?

Musst du unbedingt nach Hause?

[무슫 두 운베딩ㅌ 나ㅋㅎ 하우제(z)]　　　　　　　　　　너 집에 무조건 가야 해?

Wann musst du deine Eltern besuchen?

[반(v) 무슫 두 다이네 엘탄 베주(z)-ㅋ흔]　　　　　　　　　너 언제 부모님 뵈러 가야 해?

단어 morgen 내일 [찰] der Morgen [모어겐] 아침 | früh [프(f)뤼-] 일찍 | aufstehen [아우f슈떼-언] (잠에서 깨어) 일어나다; (자리에서) 일어서다 | die Eltern 부모님 [찰] die Großeltern [그로-ㅆ엘탄] 조부모님 | besuchen ~를 방문하다, 찾아 뵙다

Tip 1 '집에 가다 (nach Hause gehen)'라는 관용적 문장을 조동사와 함께 썼을 때, 동사원형 gehen은 어차피 안 써도 의미가 뻔하기 때문에 생략했어요. (15과 〈문장 파헤치기〉p.99참조)

Tip 2 25과에서 배웠던 대로, wann(언제), was(무엇) 등의 의문사는 문장 맨 앞에 넣으면 돼요.

174

문장 파헤치기 : 파헤치면 이해된다!

조동사　　　주어　　　목적어, 부사 등　　　동사원형

Musst + du + _____ + _____ ?

조동사 müssen의 변화

'~을 해야만 한다'를 나타내는 조동사 müssen이 주어 du를 만나 musst로 모양이 변했어요. 이때 ü 위에 있던 점 두 개가 떨어지고 평범한 u로 바뀌는 것에 주의하세요!

'Musst du unbedingt ~?' 너 무조건/반드시 ~해야 해?

'Musst du ~?' 문장에 '꼭, 무조건, 반드시'라는 의미의 unbedingt [운베딩트]를 넣으면 의미가 한층 더 강조되는데요. "꼭 그렇게까지 해야만 했냐!" 하고 불평하는 듯 할 수도 있으니 상황에 맞게 사용해야 합니다.

📢 Musst du unbedingt so gemein sein? [무슫 두 운베딩트 조(z) 게마인 자(z)인]
　　너 꼭 그렇게 못되게 굴어야 하겠니?

단어 　so 그렇게, 이렇게 ┃ gemein 못되다, 못되게 굴다

발음 클리닉 　강의 또는 음성을 들으면서 따라 하면 더 쉬워요!

aufstehen [아우f슈떼-언]	besuchen [베주(z)-ㅋ흔]
이 단어도 st 조합이 [슈ㄸ] 하고 된소리가 나는 경우에 속합니다. stehen의 h는 묵음이며 다만 앞의 e를 장음으로 만드는 역할만 합니다. h를 소리 내서 읽지 않게 주의하세요!	접두사 be-가 붙은 동사들은 바로 다음 음절에 강세를 줍니다. 따라서 besuchen은 su 부분에 강세를 줘서 (= 음을 올려서) 읽어요. 이때 ch 는 목을 'ㅋ흐~' 하고 긁어서 내는 발음입니다.

175

지난 파트와 이번 파트에서 배운 내용으로 이제 소통을 할 수 있게 되었습니다.
아래 대화를 들으면서 따라해 보고, 역할을 맡아 연습도 해 봅시다.

🎧 27-2.mp3

#1

Musst du morgen früh aufstehen?
무슽 두 모어겐 프(f)뤼- 아우f슈떼-언

너 내일 일찍 일어나야 해?

Nein, ich muss nicht früh aufstehen.
나인, 이흐 무쓰 니흐트 프(f)뤼- 아우f슈떼-언

아니, 나 일찍 일어날 필요 없어.

Warum?
바(v)룸

왜?

Ich muss morgen nicht zur Arbeit gehen.
이흐 무쓰 모어겐 니흐트 츠쭈어 아-바이트 게-은

나 내일 일하러 가지 않아도 돼.

#2

Musst du unbedingt nach Hause?
무슽 두 운베딩트 나ㅋ흐 하우제(z)

너 집에 무조건 가야 해?

Ja, ich muss zuhause lernen.
야, 이흐 무쓰 츠쭈하우제(z) 레아넨

응, 나 집에서 공부해야 해.

 **Schade.**

샤-데

아쉽네.

#3

 **Wann musst du deine Eltern besuchen?**

반(v)　　무슫　　두　　다이네　　엘탄　　　베주(z)-ㅋ흔

너 언제 부모님 뵈러 가야 해?

Morgen. Musst du auch deine Eltern besuchen?

모어겐.　　　무슫　두　아우ㅋㅎ　다이네　　엘탄　　베주(z)-ㅋ흔

내일. 너도 부모님 뵈러 가야 해?

Nein, meine Eltern besuchen mich.

나인,　　마이네　　엘탄　　베주(z)-ㅋ흔　　미ㅎ

아니, 부모님이 나를 보러 오셔.

단어 schade 유감스럽다, 아쉽다 | mich 나를 (ich(나)의 목적격)

 Plus

소유를 나타내는 mein과 dein

mein은 ich의 소유격이고 '나의'라는 의미입니다. dein은 du의 소유격으로 '너의'라고 해석되고요. mein과 dein은 명사 앞에서 그 명사가 나의(mein) 것, 너의(dein) 것이라는 소유를 나타내는데요. 문제는 해당 명사의 수, 성별 등에 따라 mein과 dein의 형태도 변해야 한다는 것이랍니다. 위에 등장한 meine Eltern(나의 부모님), deine Eltern(너의 부모님)의 경우 Eltern이 복수(부모님은 두 분임을 전제로 하므로) 명사이기 때문에, 복수형에 걸맞게 mein과 dein을 각각 meine, deine로 바꿔 준 거예요.

177

문제로 확인하기 : 이해도를 점검해 보자!

1. müssen 동사가 주어 du와 만날 때 어떻게 변하는지, 주어와 함께 써 보세요.

➡ _____

2. 다음 단어들을 순서에 맞게 배열하세요. (동사는 주어에 맞게 변형시키세요.)

❶ morgen / aufstehen / du / früh / müssen

➡ _____ (너 내일 일찍 일어나야 해?)

❷ du / nach / unbedingt / müssen / Hause

➡ _____ (너 집에 무조건 가야 해?)

❸ müssen / deine / besuchen / wann / du / Eltern

➡ _____ (너 언제 부모님 뵈러 가야 해?)

3. 질문에 알맞은 대답을 연결하세요.

❶ Musst du morgen   · 　　　· Nein, ich muss nicht
　 früh aufstehen?　　　　　　　　 unbedingt nach Hause.

❷ Musst du unbedingt · 　　　· Ich muss meine Eltern
　 nach Hause?　　　　　　　　　　 nicht besuchen.

❸ Wann musst du deine · 　　　· Ja, ich muss morgen sehr
　 Eltern besuchen?　　　　　　　　 früh aufstehen.

독일어 회화 빨리 느는 법

회화는 8할이 자신감

예전의 저는 책을 열심히 보고 정석대로 공부하면 자동적으로 독일어 회화도 잘하게 될 거라고 믿었어요. 하지만 독일어를 공부한 기간이 길어져도, 심지어 독일에서 일 년을 넘게 살아도 독일인들 앞에서 자꾸 입을 다물고 마는 제 자신을 발견했습니다. 충분히 열심히 하지 않아서일까? 언어적 재능이 없는 걸까? 독일어는 내 길이 아닌 걸까? 이런 의미 없는 고민만 거듭하며 더욱 자신감을 잃고 혼자만의 깊고 어두운 동굴에 숨고 말았죠.

하지만 저처럼 숨어 버리는 것은(충분히 공감 되고 마음 아픈 일이지만) 냉정하게 회화를 망치는 가장 큰 원인 중 하나예요. 자신감이야말로 여러분의 회화 실력을 뒷받침해 줄 살림 밑천인데, 이걸 잃어 버리면 큰일이거든요. 그러면 어떻게 회화 자신감을 키울 수 있을까요?

독일어 롤모델을 정하자

모든 언어가 그렇겠지만, 특히 독일어는 화자에 따라 느낌이 크게 달라지는 언어인 것 같아요. 독일어가 억세고 딱딱하다는 인식이 널리 퍼져 있지만 이건 아주 오래 전에 만들어진 선입견에 불과해요. 말하는 사람에 따라 독일어도 얼마든지 부드럽고 시적이고 아름답게 들릴 수 있답니다. 그러니 최대한 다양한 사람들, 다시 말해 다양한 성별, 연령, 출신 지역인 사람들의 독일어를 두루두루 들어보세요. 듣는 귀를 활짝 여는 게 회화 실력 향상의 첫 단계예요. 한 사람이 말하는 걸 열 시간 듣는 것보다, 열 사람이 말하는 걸 한 시간씩 듣는 게 훨씬 더 큰 도움이 됩니다. 그 중에서 내가 듣기에 가장 예쁘고 우아한 독일어를 구사하는 사람을 찾아 나의 독일어 롤모델로 정해 보세요.

나의 롤모델이 어떤 톤으로 말하는지, ich 등 자주 반복되는 단어들은 어떻게 발음하는지, 어떤 제스처를 사용하는지 등을 유심히 살펴보세요. 내용은 몰라도 됩니다. 우린 아직 입문자인 걸요! 다만, 독일어라는 언어가 어떤 느낌이고 어떤 멜로디를 갖는지, 마치 노래를 듣는 것처럼 계속 들어서 익숙해지는 게 중요해요. 간혹 내가 아는 단어나 문장을 만나면 반가워 하며 큰 소리로 따라하세요! 이 때 '듣고 따라한다'보다는 성대모사한다는 느낌으로, 내 롤모델에게 빙의(?)한 것처럼 흉내내야 효과가 좋아요.

녹음해서 듣고, 녹화해서 보자

벌써 6년 넘게 독일어 유튜브 채널을 운영하고 있는 저, 에밀리가 보장합니다. 내 독일어를 녹음해서 듣는 것, 내가 독일어 하는 모습을 영상으로 찍어서 보는 것은 상상 이상으로 큰 도움이 돼요. 민망해서 어떻게 그런 걸 하냐고요? 누구 보여주는 것도 아니고 혼자만 보는 건데 뭐 어때요! 그리고 독일어 회화는 자신감이 8할이잖아요.

이 책에 나오는 대화문들도 소리내서 읽고 녹음하며 연습하면 효과가 훨씬 더 커집니다. 이 때 주의할 점은 독일어 원어민이 하는 걸 듣지 않고 내 발음, 내 스타일대로만 읽고 녹음하면 오히려 역효과가 나요. 내가 생각하는 발음에 갇혀서 정작 진짜 좋은 발음을 익힐 수 없거든요. 항상 원어민이 하는 걸 먼저 듣고, 그대로 흉내내며 연습한 뒤에 녹음하는 것이 중요합니다.

정리하기
(1) 독일어 실력과 회화 실력은 비례하지 않는다. 아직 초보라고 기죽지 말고, 자신감 있게 입을 열자.
(2) 양질의 독일어 콘텐츠를 많이 접하고, 그 중에서 독일어 롤모델을 정해 성대모사 해 보자.
(3) 원어민 발음을 흉내내며 충분히 연습한 뒤에 내 독일어를 녹음해서 들어보자.

여행하기

이런 말을 할 수 있어요

#맥주 하나 주세요 #여기 와이파이 있나요? #약국을 찾고 있어요
#화장실은 어디인가요? #비싸네요 #도와주실 수 있나요?
+ 지속 가능한 독일어 공부

외국어를 배우면서 가장 큰 보람을 느낄 때는

그 나라에서 현지어로 소통할 때가 아닐까 싶어요.

여행지에서 마주치는 독일인들이 처음에는

다소 차갑고 불친절한 인상을 줄 수도 있지만

PART 4에서 배울 표현들을 적재적소에 활용하면

할 말은 하면서도 기분 좋은 여행을 할 수 있을 거예요.

지금까지는 ich(나)와 du(너)라는 주어를 공부했는데요.

여행 중에는 처음 보는 사람에게 존댓말을 쓸 일이 많을 테니,

이제부터는 존칭 주어인 'Sie [지(z)] (당신)' 사용법도 알려드릴게요.

만약 여러 가지 이유로 독일 여행을 망설이고 계신다면

독일에 꼭 한 번은 와 봐야 한다고 감히 말씀드리고 싶어요.

절대 후회하지 않으실 거예요!

28과

맥주 하나 주세요.

Ein Bier, bitte.

아인   비-아   비테

🎧 28-0.mp3 　　　　　**무방비 상태로 3번씩 들어 보기** 👂　　　무슨 뜻일까요?

Ein Bier, bitte.

Einen Kaffee, bitte.

Eine Currywurst, bitte.

비행기, 카페, 음식점 등에서 다 통하는 만능 표현입니다.

책을 펼치고 동영상 강의를 보면서 학습을 시작합니다.

 동영상 강의 보기　×　 mp3 파일 듣기　×

🎧 28-1.mp3

~ 하나 주세요.

아인   아이네   아이넨 ~   비테

Ein/Eine/Einen ~, bitte.

주문할 때 아주 격식을 차려서 "Ich hätte gerne ~.
[이ㅎ 해테 게아네] (~을 주시겠습니까?)"라고 말할 수도 있겠죠.
하지만, 웬만한 경우에는 이렇게 약식으로 주문하는 것이 더 빠르고 편해요.

Ein Bier, bitte.

[아인 비-아, 비테]

맥주 하나 주세요.

Einen Kaffee, bitte.

[아이넨 카페(f), 비테]

커피 하나 주세요.

Eine Currywurst, bitte.

[아이네 커리부(v)어ㅅ트, 비테]

커리소시지 하나 주세요.

 독일에 여행 하러 가면 꼭 먹게 되는 되너, 커리부어스트 등은 캐주얼한 길거리 음식이에요. 그래서 어떤 사
람들은 주문할 때 bitte조차 빼 버리고 "Einen Döner. (되너 하나.)" 하기도 하는데요. 독일인들이 bitte를
괜히 'Zauberwort [ㅊ짜우버보(v)어ㅌ] (마법의 단어)'라고 하는 게 아닌 만큼, 문장에 bitte 하나만 넣어도
훨씬 부드럽고 예의 있는 대화 분위기를 만들 수 있답니다.

184

문장 파헤치기 : 파헤치면 이해된다!

문법 확인하기

한(부정관사)   목적어
Ein/Eine/Einen + _____, bitte.

'한 남자' 할 때 '한'의 의미를 갖는 부정관사 ein

부정관사라고 하니까 뭔가 부정적인 것 같다고요? 부정관사는 한자로 아닐 부(不) 자에 정할 정(定) 자를 써서 '대상이 정해지지 않은 관사'라는 의미입니다. 대상을 콕 집어 '바로 그…' 하고 가리키는 게 아니라, 예를 들면 '어떤 한 남자' 라고 할 때 '어떤, 한'에 해당하는 것이 부정관사 ein이에요. 영어로 치면 a/an 에 해당합니다. 그런데 a/an은 'an apple (사과 한 개)'라고 할 때처럼, '하나'라는 숫자를 나타내기도 하죠? ein도 마찬가지예요. 다만,

① 뒤에 오는 명사의 성별이 중성인지, 여성인지, 남성인지에 따라

② 그 명사가 주어인지, 목적어인지 등에 따라 ein의 모양이 변합니다. 아래 표처럼요.

성분 \ 성별	중성	여성	남성
주어	ein	eine	ein
목적어	ein	eine	einen

'～을 하나 주세요.' 라는 문장에서 '～을'은 목적어에 해당하고, 여기에 만약 남성 명사가 온다면 부정 관사 ein의 모양은 einen으로 변합니다. 예를 들어, '커피 (der Kaffee)'는 남성 명사이기 때문에 "Einen Kaffee, bitte."라는 문장이 되는 것이지요.

맥주 하나만 말고 많이 마시고 싶을 때

두 개, 세 개 등 여러 개를 주문하고 싶다구요? 오히려 쉬워요! '한' 이라는 의미의 부정관사 ein은 떼어 버리고, 대신에 둘, 셋, 넷 등의 숫자를 붙여 주기만 하면 되니까요. 숫자 세는 법은 〈알찬 부록〉p.230에 서 쉽게 익힐 수 있어요.

예 "Zehn Bier, bitte! [츠쩨-ㄴ 비-아 비테] " 맥주 열 잔 주세요!

185

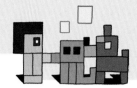

패턴 연습 : 단어를 바꿔가며 말해 보자!

🎧 28-2.mp3

~ 하나 주세요.

아인　　아이네　　아이넨 ~　　　　　　　　　　　　비테
Ein/Eine/Einen [   ], bitte.

이 표현 하나로 다양한 것들을 주문하고 부탁할 수 있어요.

❶ eine Karte
[아이네 카-테]

표 하나 주세요. (((😮

❷ ein Glas Wein
[아인 글라-ㅅ 바(v)인]

와인 한 잔 주세요. (((😮

❸ eine Flasche Wein
[아이네 플(f)라셰 바(v)인]

와인 한 병 주세요. (((😮

❹ eine Tüte
[아이네 튀-테]

봉투 하나 주세요. (((😮

단어 **die Karte** (복수: Karten) 표, 티켓; 메뉴판; 지도 ┃ **die Flasche** (복수: Flaschen) 병
die Tüte (복수: Tüten) 봉투

Tip 와인은 잔으로 주문하는 경우와 병으로 주문하는 경우가 모두 흔하므로, 한 '잔'인지 한 '병'인지 확실하게 밝혀서 주문하는 것이 좋아요.

186

소통하기 : 진짜처럼 연습해 보자!

| 다음은 주문을 하거나 부탁하는 상황입니다.　　　　　　　　🎧 28-3.mp3

#1　점원　**Hallo, bitte schön.** 안녕하세요, 주문하시죠.

　　나　**Hallo! Einen Döner, bitte.** 안녕하세요! 되너 하나 주세요.

　　친구　**Ich habe auch Hunger.** 나도 배고파.

　　나　**Dann zwei Döner, bitte.** 그러면 되너 두 개 주세요.

#2　나　**Guten Tag! Eine Karte, bitte.** 안녕하세요! 표 하나 주세요.

　　점원　**Sieben Euro, bitte.** 7유로입니다.

　　나　**Bitte schön.** 여기 있습니다.

　　점원　**Danke schön. Viel Spaß!** 감사합니다. 즐거운 시간 보내세요!

단어 sieben [지(z)-벤] 숫자 7 | Euro [오이로] 유로 (화폐 단위)
"Viel Spaß!" [피(f)-ㄹ 슈파-ㅆ] 즐거운 시간 보내세요! 참 viel 많다, der Spaß 재미

Tip "Bitte schön."의 쓰임새는 정말 다양한데요. 주문받는 사람이 이렇게 말하면 "주문하시죠.", 서빙하는 사람
이 말하면 "음식 나왔습니다."입니다.

187

1. 다음 문장에 관련된 그림을 연결하세요.

Einen Kaffee, bitte. ·   ·

Zwei Bier, bitte. ·   ·

Drei Karten, bitte. ·   ·

2. 다음 단어를 활용하여 문장을 만드세요.

vier	Glas	eine	Wein
bitte	ein	Flasche	Tüten

① 와인 한 잔 주세요. ➡ _____.

② 와인 한 병 주세요. ➡ _____.

③ 봉투 네 장 주세요. ➡ _____.

188

29과

여기 와이파이 있나요?

Gibt es hier WLAN?

깊테스   히어   베(v)-란

🎧 29-0.mp3   무방비 상태로 3번씩 들어 보기 👂   무슨 뜻일까요?

Gibt es hier WLAN?

Gibt es hier einen Geldautomaten?

Gibt es hier eine Toilette?

지금 이곳에 내가 필요한 것이 있는지 물어볼 수 있어요.

책을 펼치고
동영상 강의를 보면서
학습을 시작합니다.

동영상 강의 보기   ✕
mp3 파일 듣기   ✕

🎧 29-1.mp3

여기 ~ 있나요?

깊테스   히어

Gibt es hier ~?

여행을 하다 보면 필요한 것들이 자주 있는데요.
이런 것들이 있냐고 물을 때 유용한 표현입니다.

Gibt es hier WLAN?

[깊테스 히어 베(v)-란]

여기 와이파이 있나요?

Gibt es hier einen Parkplatz?

[깊테스 히어 아이넨 파-ㅋ플랏츠]

여기 주차장 있나요?

Gibt es hier eine Toilette?

[깊테스 히어 아이네 토일레테]

여기 화장실 있나요?

단어 **das WLAN** 와이파이 | **der Parkplatz** 주차장 | **die Toilette** 화장실; 변기

Tip 우리나라엔 어딜 가나 공중 화장실이 있지만, 독일을 비롯한 유럽에서는 그렇지 않답니다. 화장실이 있더라
도 돈을 내야 하는 경우가 많아요.

문법 확인하기

동사 　　　 주어 　　　 여기에 　　　　　 목적어

Gibt + es + hier + _____?

Es gibt + 목적어 = ~이 있다

독일어에서 가장 많이 쓰이는 문장 형태 중 하나가 '~이 있다' 라는 의미인 'Es gibt ~' 입니다. 이때 주의할 점은 'Es gibt' 뒤에 목적어가 온다는 것이에요. 한국어로는 '~이 있다'라고 하니까 왠지 주어가 와야 할 것 같지만, 그렇지 않다는 점!

'Es gibt~' 문장의 주어 동사 위치를 바꿔서 의문문으로 만들고, 뒤에 '여기'라는 뜻의 hier를 붙여서 'Gibt es hier ~? (여기 ~ 있나요?)'라는 표현이 되었어요.

발음 클리닉 　 강의 또는 음성을 들으면서 따라 하면 더 쉬워요!

gibt es [깊테시]	Geldautomat [겔ㅌ아우토마-ㅌ]
gibt es를 하나하나 또박또박 [깊ㅌ 에시] 라고 발음해도 되고, 또 그렇게 하는 게 더 좋을 때도 있겠지만, 일상 회화에서는 편하게 이어서 [깊테시] 라고 해도 무방합니다. gibt와 es를 합쳐서 아예 gibt's [깊ㅊ] 라고 줄여서 말하는 경우도 많아요.	Geldautomat는 'das Geld [겔ㅌ] 돈'이라는 단어와 'der Automat [아우토마ㅌ] 자판기'라는 단어로 이루어진 합성어예요. 이걸 모른 채로 이 단어를 보면 [겔다우토마트] 정도로 잘못 읽기 쉽겠죠? 또, Automat의 -mat 부분은 장음이므로 충분히 시간을 들여 [마ㅡㅌ] 하고 발음하세요.

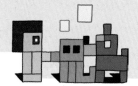

패턴 연습 : 단어를 바꿔가며 말해 보자!

🎧 29-2.mp3

여기 ~ 있나요?

깊테스   히어
Gibt es hier ⬚ ?

지금 이 곳에 내가 필요한 것이 있는지 물어 볼 수 있어요.

❶ einen Geldautomaten
[아이넨 겔ㅌ아우토마-텐]

여기 현금인출기 있나요?)))🗣

❷ Schließfächer
[슐리-ㅆ패(f)햐]

여기 물품보관함 있나요?)))🗣

❸ eine SIM-Karte?
[아이네 짐(z)카-테]

여기 유심 칩 있나요?)))🗣

❹ auch Glühwein?
[아우ㅋㅎ 글뤼-바(v)인]

여기 글뤼바인도 있나요?)))🗣

단어 **der Geldautomat** 현금인출기(ATM) * 목적어로 쓰일 때 '-en'이 붙어 Geldautomaten으로 변하는 것에 주의 ┃ **das Schließfach** (복수: Schließfächer) 물품보관함, 로커 ┃ **die SIM-Karte** 유심 칩 **der Glühwein** 글뤼바인 (독일식 뱅쇼)

Tip 'Gibt es hier ~?' 문장에 '또한, ~도' 라는 의미의 auch를 넣어 'Gibt es hier auch ~? [깊테스 히어 아우ㅋㅎ]' 라고 하면 '여기에 ~도 있나요?' 라고 의미가 살짝 달라져요.

| 다음은 나에게 필요한 것이 있는지 물어보는 상황입니다.

 29-3.mp3

#1 나 **Entschuldigung, gibt es hier WLAN?**
실례합니다, 여기 와이파이 있나요?

점원 **Ja, das Passwort ist eins-zwei-drei-vier.**
네, 비밀번호는 1234예요.

나 **Danke schön.** 감사합니다.

#2 점원 **Guten Abend!** 안녕하세요! (저녁 인사)

나 **Nabend, gibt es hier eine SIM-Karte?**
안녕하세요, 여기 유심칩 있나요?

점원 **Nein, tut mir leid.** 아뇨, 죄송합니다.

나 **Alles klar. Tschüss!** 알겠습니다. 안녕히 계세요!

단어 das Passwort [파쓰보(v)어트] 비밀번호 ┆ "Alles klar." [알레스 클라-] 알겠습니다.

193

1. 다음 문장에 관련된 그림을 연결하세요.

Gibt es hier einen Geldautomaten? ·

·

Gibt es hier Schließfächer? ·

·

Gibt es hier WLAN? ·

·

2. 다음 단어를 활용하여 문장을 만드세요.

es	Parkplatz	Glühwein	eine	hier
SIM-Karte	auch	Gibt	einen	

❶ 여기 주차장 있나요? ➡ _____.

❷ 여기 글뤼바인도 있나요? ➡ _____.

❸ 여기 유심칩 있나요? ➡ _____.

30과

약국을 찾고 있어요.

Ich suche eine Apotheke.

이흐　　　주(z)-크허　　　아이네　　　아포테-케

🎧 30-0.mp3　　　**무방비 상태로 3번씩 들어 보기** 👂　　　무슨 뜻일까요?

Ich suche eine Apotheke.

Ich suche eine U-Bahn-Station.

Ich suche eine Bushaltestelle.

내가 찾고 있는 것을 표현할 수 있어요.

책을 펼치고
동영상 강의를 보면서
학습을 시작합니다.

 동영상 강의 보기　×　 mp3 파일 듣기　×

🎧 30-1.mp3

~을 찾고 있어요.

이ㅎ   주(z)-ㅋ허

Ich suche ~.

가끔은 스마트폰 지도를 봐도 어디가 어딘지 잘 모르겠을 때가 있죠.
이럴 땐 망설이지 말고 주변 사람들에게 내가 찾는 장소를 물어봅시다.
"Entschuldigung! (실례합니다!)"와 "Danke! (감사합니다!)" 잊지 마시고요!

Ich suche eine Apotheke.
약국을 찾고 있어요.

[이ㅎ 주(z)-ㅋ허 아이네 아포테-케]

Ich suche eine U-Bahn-Station.
지하철 역을 찾고 있어요.

[이ㅎ 주(z)-ㅋ허 아이네 우-바-ㄴ 슈따ㅊ찌온]

Ich suche eine Bushaltestelle.
버스 정류장을 찾고 있어요.

[이ㅎ 주(z)-ㅋ허 아이네 부ㅅ할테슈뗄레]

 die Apotheke 약국 | **die U-Bahn-Station** 지하철 역 [참] **die S-Bahn-Station** [에ㅆ바-ㄴ슈 따ㅊ찌온] 지상철 역 (정확히는 도시철도 역) | **die Bushaltestelle** 버스 정류장

문법 확인하기

주어   동사   목적어

Ich + suche + _____?

suchen 동사의 변화

'~을 찾다'라는 의미의 suchen 동사는 주어 ich를 만나면 suche로 모양이 변합니다. 참고로 주어가 du일 땐 suchst로 변해요.

존칭 주어 Sie

처음 보는 사람, 특히 공적이거나 사무적인 자리에서 만난 사람에게는 '너(du)'라고 하지 않고 존칭 주어인 Sie[지(z)]를 사용해요. 주어가 Sie일 때는 동사도 그에 맞게 변형시켜야 할 텐데요, 어떻게 바꾸냐구요? 안 바꾸면 됩니다. 원래 동사 모양 그대로 써요. 'Sie suchen ~. (당신은 ~을 찾습니다.)' 이런 식으로 말이죠! 단, sein 동사의 경우 주어가 Sie일 때 sind로 모양이 크게 변하니 주의하세요. 나머지 동사들은 그냥 편하게 쓰면 됩니다.

발음 클리닉   강의 또는 음성을 들으면서 따라 하면 더 쉬워요!

U-Bahn-Station [우-바-ㄴ 슈따ㅊ찌온]

'U-Bahn[우-바-ㄴ] 지하철'과 'Station[슈따ㅊ찌온] 역'이라는 두 단어가 합쳐진 합성어인데요. U-Bahn은 원래 'Untergrundbahn[운터그룬트바-ㄴ] 지하 철도'라는 단어를 짧게 줄인 것이랍니다. 특히 마지막의 -tion 조합은 생긴 것 그대로 [티온]이라고 발음하지 않고 '-zion [ㅊ찌온]'으로 발음하는 규칙이 있습니다. '-tion'로 끝나는 명사들이 Station 외에도 많이 있으니 알아두면 좋아요.

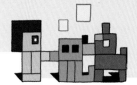

🎧 30-2.mp3

~을 찾고 있어요.

이ㅎ   주(z)-ㅋ허
Ich suche [   ] .

장소뿐 아니라 물건, 사람 등을 찾을 때도 이렇게 말해요.

❶ eine Handcreme
[아이네 한ㅌ크레-ㅁ]

핸드크림을 찾고 있어요.))🗣

❷ ein Buch
[아인 부-ㅋㅎ]

책을 찾고 있어요.))🗣

❸ einen Laden
[아이넨 라-덴]

가게를 찾고 있어요.))🗣

❹ jemanden
[예만덴]

사람을 찾고 있어요.))🗣

단어 die Handcreme (복수: Handcremes [한ㅌ크레-ㅁㅅ]) 핸드크림 [참] die Gesichtscreme [게지(z)
ㅎㅊ크레-ㅁ] 얼굴용 크림 | das Buch 책 | der Laden 가게, 매장 | jemanden 누군가를 (목적어)

소통하기 : 진짜처럼 연습해 보자!

| 다음은 찾고 있는 장소를 물어보는 상황입니다.

🎧 30-3.mp3

나 **Entschuldigung, ich suche eine U-Bahn-Station.**
실례합니다, 지하철 역을 찾고 있어요.

행인1 **Sie suchen eine U-Bahn-Station, hmm... Aber es gibt hier keine U-Bahn-Station.**
지하철 역을 찾고 계시군요. 음… 하지만 여기에는 지하철 역이 없는데요.

나 **Oh, nein⋯.** 오, 안돼⋯.

행인2 **Was suchen Sie?** 뭘 찾으신다고요?

나 **Eine U-Bahn-Station.** 지하철 역이요.

행인2 **Ich suche auch eine U-Bahn-Station.**
저도 지하철 역을 찾고 있어요.

행인1 **Es gibt hier nur eine Bushaltestelle.**
여기에는 버스 정류장밖에 없어요.

나 **Gibt es hier eine Bushaltestelle?** 여기에 버스 정류장이 있다고요?

행인1 **Ja, da drüben!** 네, 저기 저쪽에요!

나&행인2 **Danke schön!** 감사합니다!

 nur [누어] ~밖에; 오직, 단지 | da drüben [다 드뤼-벤] 저기 저쪽에

문제로 확인하기 : 이해도를 점검해 보자!

1. 다음 문장에 관련된 그림을 연결하세요.

Ich suche eine Apotheke.　·

·　

Ich suche ein Buch.　·

·　

Ich suche jemanden.　·

·　

2. 다음 단어를 활용하여 문장을 만드세요. (동사는 주어에 맞게 변형시키세요.)

ein	suchen	Bushaltestelle	einen
ich	Laden	Buch	eine

① 버스 정류장을 찾고 있어요.　⟹ _____ .

② 가게를 찾고 있어요.　⟹ _____ .

③ 책을 찾고 있어요.　⟹ _____ .

200

31과

화장실은 어디인가요?

Wo ist die Toilette?
보(v)　　이슽　　디　　토일레테

🎧 31-0.mp3　　　　무방비 상태로 3번씩 들어 보기 　　　무슨 뜻일까요?

Wo ist die Toilette?

Wo ist der Eingang?

Wo ist das KaDeWe?

어디에 무엇이 있는지 물어볼 수 있어요.

책을 펼치고
동영상 강의를 보면서
학습을 시작합니다.

 × ×

동영상 강의 보기　　mp3 파일 듣기

🎧 31-1.mp3

~는 어디인가요?

보(v) 이스트
Wo ist ~?

바로 앞에서 배운 'Ich suche ~.' 문장이 있는지 없는지 불확실한 상태에서 뭔가를 찾는 거라면,
이번에는 내가 찾는 것이 어딘가에 있다는 건 확실한데 그것이 어디(wo)에 있냐고 묻는 표현이에요.

Wo ist die Toilette?
[보(v) 이슽 디 토일레테]

화장실은 어디인가요?

Wo ist der Eingang?
[보(v) 이슽 데아 아인강]

입구는 어디인가요?

Wo ist das KaDeWe?
[보(v) 이슽 다ㅅ 카데베(v)]

KaDeWe 백화점은 어디인가요?

 die Toilette 화장실; 변기 | **der Eingang** 입구 [촵] **der Ausgang** [아우ㅅ강] 출구
das KaDeWe KaDeWe 백화점(독일에서 가장 유명한 백화점으로 베를린 쿠담거리에 위치)

문법 확인하기

의문사　　　동사　　　주어
Wo + ist + _____?

sein 동사의 변화

영어의 be 동사에 해당하는 sein 동사는 주어에 따라 모양이 많이 달라지기로 유명합니다. 지금까지는 sein 동사가 1인칭 주어 '나(ich)'를 만났을 때 'Ich bin ~', 2인칭 주어 '너(du)'를 만났을 때 'Du bist ~' 하고 변하는 걸 배웠죠? 이번에는 나도 아니고 너도 아닌, 예를 들면 화장실이라든지 제 3의 인물이라든지, 이런 것들이 주어로 오는 경우를 간단하게 살펴봅시다.

제 3의 무언가, 누군가를 가리켜 3인칭 주어라고 하고, 이때에는 sein 동사가 ist로 모양이 변해요. 'Die Toilette ist ~ (그 화장실은)', 'Mein Vater ist ~ (나의 아버지는)' 이런 식으로 말예요. 'mein Vater [마인 파(v)-타] 나의 아버지'는 나랑 가까운 사람인데 3인칭으로 치기엔 너무 야박하지 않나 싶을 수도 있는데, 3인칭 주어란 나와 관계가 없는 '제 3자'가 아니라, 나와 너를 제외한 나머지 주어를 가리키는 말이랍니다.

의문사 wo

PART 3에서 의문사에 대해 간단히 알아보았는데요. 우리가 흔히 말하는 육하원칙(누가, 언제, 어디서, 어떻게, 무엇을)에 해당하는 의문사들은 외우고 있는 게 좋아요. 기억이 안 난다면 24과 〈소통하기〉의 PLUSp.159 참조!

정관사 der/die/das

부정관사 ein에 겨우 익숙해졌더니, 무슨 정(定)관사냐고요? 정관사는 부정관사의 반대 개념으로 생각하면 돼요. 영어로 치면 the에 해당하는데요. 영어의 the가 항상 모양이 똑같은 데 비해 독일어의 정관사는 뒤에 오는 명사 성별에 따라 der(남성), die(여성), das(중성)으로 모양이 변하는 것에 주의하세요. 'Wo ist ~?' 문장의 주어 부분에 항상 정관사를 써야 하는 것은 아니지만, 위에서 등장한 예시들은 전부 '내가 찾는 것은 딱 정(定)해져 있는데, 그게 어디 있는지 모르는 상황'이기 때문에 정관사를 썼어요.

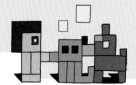

🎧 31-2.mp3

~은 어디인가요?

보(v) 이슽
Wo ist [   ] ?

비단 어떤 장소뿐만이 아니라 물건, 사람 등을 찾을 때도 쓸 수 있어요.

❶ die Getränkeabteilung
[디 게트랭케압타일룽]

음료 코너는 어디인가요? 🗣

❷ der Treffpunkt
[데아 트레f풍ㅋㅌ]

만나는 장소는 어디인가요? 🗣

❸ die Kasse
[디 카쎄]

계산대는 어디인가요? 🗣

❹ das Gleis zwei
[다ㅅ 글라이ㅅ ㅊ쯔바(v)이]

2번 플랫폼은 어디인가요? 🗣

단어 **die Getränkeabteilung** (마트 등의) 음료 코너 찰 **die Getränke** 음료, **die Abteilung** 코너, 부서
der Treffpunkt 만나는 장소, 약속 장소 | **die Kasse** 계산대 | **das Gleis** 기차 플랫폼, 선로

| 다음은 어떤 것의 위치를 물어보는 상황입니다.　　　　🎧 31-3.mp3

#1　　나　　**Entschuldigung, wo ist der Eingang?**
　　　　　　실례합니다, 입구는 어디인가요?

　　점원　　**Der Eingang ist da drüben.** 입구는 저기 저쪽입니다.

　　나　　**Danke!** 감사합니다!

　　점원　　**Gerne.** 천만에요.

#2　　나　　**Hallo, wo ist die Toilette? Und wo ist die Kasse?**
　　　　　　안녕하세요, 화장실이 어디인가요? 그리고 계산대는 어디인가요?

　　점원　　**Die Toilette ist am Eingang und die Kasse ist am Ausgang.** 화장실은 입구 옆에 있고 계산대는 출구 옆에 있습니다.

　　나　　**Aber wo ist der Ausgang?** 그런데 출구가 어디인데요?

　　점원　　**Der Ausgang ist an der Kasse.** 출구는 계산대 옆에 있습니다.

　　나　　**Was?** 뭐라고요?

단어 am Eingang [암 아인강] 입구 옆에 | am Ausgang [암 아우스강] 출구 옆에 | da drüben 저기 저쪽
an der Kasse [안 데아 카쎄] 계산대 옆에

Tip "뭐라고요?" 하고 되물을 때 "Was?"라고 하는 것은 친한 사이가 아니라면 다소 무례해 보일 수도 있어요.
정중하게 "뭐라고 하셨나요?" 하고 되물을 땐 "Wie bitte? [비(v) 비테]" 라고 합니다.

문제로 확인하기 : 이해도를 점검해 보자!

1. 다음 문장에 관련된 그림을 연결하세요.

Wo ist die Toilette?   ·

Wo ist der Eingang?   ·

Wo ist das Gleis zwei?   ·

2. 다음 단어를 활용하여 문장을 만드세요. (동사는 주어에 맞게 변형시키세요.)

wo		die	Getränkeabteilung
Treffpunkt	der	Kasse	sein

① 만나는 장소는 어디인가요?   ➔ _____ .

② 계산대는 어디인가요?   ➔ _____ .

③ 음료 코너는 어디인가요?   ➔ _____ .

비싸네요.

Das ist teuer.

다스　　　　이슽　　　　토이어

🎧 32-0.mp3　　　　**무방비 상태로 3번씩 들어 보기** 👂　　　무슨 뜻일까요?

Das ist teuer.

Das ist lecker.

Das ist zu wenig.

어떤 것에 대한 나의 평가나 감상 등을 말할 수 있어요.

책을 펼치고
동영상 강의를 보면서
학습을 시작합니다.

 × × 　　

동영상 강의 보기　　mp3 파일 듣기

🎧 32-1.mp3

(그것/이것/저것은) ~ 하네요.

다스   이스트

Das ist ~.

'그것/이것/저것'이라는 의미인 3인칭 주어 das로 시작하는 'Das ist ~.' 문장에
적절한 보어(형용사, 명사 등)를 넣으면 '그것/이것/저것은 ~하다/이다'라는 문장이 돼요.

Das ist teuer.

[다스 이슽 토이어]

(그것/이것/저것은) 비싸네요.

Das ist lecker.

[다스 이스트 레카]

(그것/이것/저것은) 맛있네요.

Das ist zu wenig.

[다스 이스트 츠쭈 베(v)-니ㅎ]

(그것/이것/저것은) 너무 적네요.

단어   teuer 비싸다 [환] günstig [귄스티ㅎ] 저렴하다, billig [빌리ㅎ] 싸다, 싸구려다 | lecker 맛있다 | wenig (양이) 적다, 조금이다

Tip   '너무, 지나치게'라는 의미의 zu를 추가하면 "zu teuer.(너무 비싸네요.)", "zu wenig.(너무 적네요.)"처럼 부정적인 의미가 한층 강조 돼요.

문법 확인하기

주어   동사   보어(형용사/명사)

Das + ist + _____?

대명사 das

영어의 this 또는 that에 해당하는 대명사 das는 '이것, 저것, 그것'이라는 의미로 모두 쓰일 수 있습니다. 경우에 따라 사람을 가리킬 때도 사용해요. 또 주어 자리에 올 수도 있고 목적어 자리에 올 수도 있는 만능 단어랍니다.

목적어 das 예시: Ich mag das. [이ㅎ 마-ㅋ 다시] 나 이거/그거 좋아해.

das로 질문하기

'그게/이게/저게 뭐예요?' 하고 물을 땐 '무엇'이라는 의미의 의문사 was를 넣어 "Was ist das? [바(v)ㅅ 이슫 다시]" 하고 간편하게 표현하면 됩니다. 여행지에서 낯선 것을 만났을 때 아주 유용하겠죠? 참, 의문사 wer(누구)를 활용하면 "Wer ist das? [베(v)아 이슫 다시] (저 사람은) 누구세요?"라는 표현까지도 가능하답니다.

발음 클리닉   강의 또는 음성을 들으면서 따라 하면 더 쉬워요!

teuer [토이아]	**wenig** [베(v)-니ㅎ]
eu 조합의 발음은 이제 지겨울 정도로 연습했죠? 단어 끝에 '-er'이 오면 r 발음에 신경쓰지 말고 편하게 [아] 하고 발음하면 됩니다.	단어 끝에 '-ig'가 오면 ich와 같은 발음, 즉 [이ㅎ] 하는 소리가 돼요. 지역에 따라 사투리로 '-ig'를 [이ㅋ] 하고 발음하는 곳도 있어요.

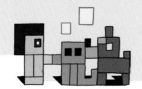

🎧 32-2.mp3

(그것/이것/저것은) ~ 이에요.

다ㅅ   이슽
Das ist ⬜ .

이번에는 'Das ist ~.' 문장에 명사를 넣어 표현해 봅시다.

❶ **meine Tasche**
[마이네 타셰]

(그것/이것/저것은) 제 가방이에요. (((😃

❷ **mein Vater**
[마인 파(v)-타]

(그/이/저 분은) 제 아버지예요. (((😃

❸ **ein Plattpfirsich**
[아인 플랏ㅍ픽(f)어지(z)쉬]

(그것/이것/저것은) 납작 복숭아예요. (((😃

❹ **die Tramhaltestelle**
[디 트람할테슈뗄레]

(그것/이것/저것은) 전차 정거장이에요. (((😃

단어 die Tasche 가방 | der Plattpfirsich 납작 복숭아 참 der Pfirsich [ㅍ픽(f)어지(z)쉬] 복숭아 | die Tramhaltestelle 전차 정거장 참 die Tram 전차, 트램

Tip pf 조합은 입술을 붙였다가 터뜨려서 [ㅍ] 소리를 냄과 거의 동시에 아랫입술을 윗니 아래로 넣으며 [f] 하고 바람 소리를 내며 발음합니다. 너무 어렵다면 알파벳 f와 차이 없이 발음해도 의사소통에는 지장이 없어요.

소통하기 : 진짜처럼 연습해 보자!

| 다음은 관광지에서 흔히 있을 수 있는 상황이에요.

 32-3.mp3

#1   나   **Hallo, einen Döner, bitte.** 안녕하세요, 되너 하나 주세요.

점원   **10 Euro.** 10 유로요.

나   **Das ist zu teuer.** 너무 비싸요.

점원   **Das ist ein großer Döner.** 큰 되너라서 그래요.

나   **Okay…** 알겠어요….

(되너를 받은 뒤)

나   **Das ist zu wenig!!** 양이 너무 적잖아요!!

점원   **Tschüss!** 안녕히 가세요!

#2   점원   **Guten Tag!** 안녕하세요!

나   **Guten Tag, was ist das?** 안녕하세요, 저게 뭔가요?

점원   **Das ist ein Plattpfirsich.** 이건 납작 복숭아예요.

나   **Ein Plattpfirsich?** 납작 복숭아요?

점원   **Ja, das ist lecker.** 네, 이거 맛있어요.

211

1. 다음 문장에 관련된 그림을 연결하세요.

Das ist meine Tasche.   ·

Das ist eine Tramhaltestelle.   ·

Das ist mein Vater.   ·

2. 다음 단어를 활용하여 문장을 만드세요. (동사는 주어에 맞게 변형시키세요.)

teuer	sein	das
zu	lecker	wenig

① 너무 비싸네요.   ➡ _____ .

② 맛있네요.   ➡ _____ .

③ 너무 적네요.   ➡ _____ .

도와주실 수 있나요?

Können Sie mir helfen?

쾨는　　　　지(z)　　　미어　　　　헬펜(f)

🎧 32-0.mp3　　　　　무방비 상태로 3번씩 들어 보기 👂　　　　무슨 뜻일까요?

Können Sie mir helfen?

Können Sie die Polizei rufen?

Können Sie das nochmal sagen?

여행 중 도움이 필요한 상황에서 모르는 사람에게 부탁할 수 있어요.

책을 펼치고
동영상 강의를 보면서
학습을 시작합니다.

동영상 강의 보기　　　mp3 파일 듣기

직접 말해 보기: 입과 표정 준비 완료!

🎧 33-1.mp3

~해 주실 수 있나요?

쾨는   지(z)
Können Sie ~?

'~할 수 있다'라는 의미인 조동사 können으로 부탁하는 문장을 만들어 볼게요.
모르는 사람에게 부탁하는 거니 존칭 주어 Sie를 써서 정중하게 표현해요.

Können Sie mir helfen?
[쾨는 지(z) 미어 헬펜(f)]

도와주실 수 있나요?

Können Sie die Polizei rufen?
[쾨는 지(z) 디 폴리ㅊ짜이 루-픈(f)]

경찰 불러 주실 수 있나요?

Können Sie das nochmal sagen?
[쾨는 지(z) 다ㅅ 노ㅋㅎ말 자(z)-근]

그거 다시 한번 말씀해 주실 수 있나요?

 단어 mir 나에게 | helfen (~에게) 도움을 주다 | die Polizei 경찰, 경찰서 참 die Feuerwehr [포(f)이아베
(v)아] 소방서 | rufen ~을 부르다 | nochmal 다시 한번 | sagen 말하다

문법 확인하기

조동사   주어   기타문장성분   동사원형

Können + Sie + _____ + _____?

können 청유문

'~을 할 수 있다'라는 의미의 조동사 können은 존칭 주어 Sie를 만났을 때 대부분의 동사와 마찬가지로 형태를 그대로 유지합니다. 'Können Sie ~?' 의문문은 상대방이 뭔가를 할 수 있는지 없는지 물어볼 때도 쓰지만, ' ~ 해 주실 수 있을까요?'라는 부탁의 의미로도 많이 써요.

발음 클리닉 강의 또는 음성을 들으면서 따라 하면 더 쉬워요!

können [쾨는]	**Polizei** [폴리ᄎ짜이]
können을 발음할 때 마치 중간에 받침이 있는 것처럼 [쾬넨] 이라고 하는 분들이 종종 있는데요. 받침을 떼고 [쾨는] 이라고 하되, [쾨] 부분을 강하게 발음하면 보다 원어민스러워요.	이 단어의 포인트는 끝에 오는 '-ei'에 있어요. 강세가 'ei'에 가기 때문에 그 부분의 음을 올려 [폴리ᄎ짜／이] 하고 읽어 주세요. ei 조합은 [아이] 하고 발음하는 거 항상 기억하시구요!

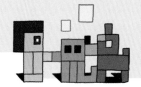

패턴 연습 : 단어를 바꿔가며 말해 보자!

🎧 33-2.mp3

~ 해 주실 수 있나요?

쾨는   지(z)
Können Sie [   ] ?

보다 다양한 상황에서 상대에게 정중하게 부탁해 봅시다.

❶ mir den Weg zeigen
[미아 덴 베(v)-ㅋ 츠짜이근]

가는 길을 알려 주실 수 있나요? (((🗨

❷ das reparieren?
[다ㅅ 레파리-언]

이걸 수리해 주실 수 있나요? (((🗨

❸ bitte ein Foto machen
[비테 아인 포(f)-토 마크흔]

사진 좀 찍어 주실 수 있나요? (((🗨

❹ bitte gehen
[비테 게-은]

좀 가 주실 수 있나요? (= 꺼져 주실래요?) (((🗨

단어   **den Weg zeigen** ~에게 가는 길을 알려 주다 | **reparieren** ~을 수리하다 | **ein Foto machen** 사진 찍다 참 **ein Video machen** [아인 비(v)-디오 마크흔] 영상을 찍다

Tip   'Können Sie ~?' 문장에 bitte를 넣으면 한층 더 정중해요.

소통하기 : 진짜처럼 연습해 보자!

| 다음은 여행지에서 모르는 사람에게 부탁하는 상황입니다.

🎧 33-3.mp3

#1   나   **Entschuldigung, gibt es hier einen Parkplatz?**
실례합니다, 여기에 주차장이 있나요?

행인   **Ja.** 네.

나   **Wo ist der Parkplatz? Können Sie mir den Weg zeigen?** 주차장이 어디에 있나요? 가는 길을 알려 주실 수 있나요?

행인   **Ja, da drüben.** 네, 저기 저쪽이에요.

#2   나   **Hallo, können Sie bitte ein Foto machen?**
안녕하세요, 사진 좀 찍어 주실 수 있나요?

행인1   **Ja, gerne.** 네, 그럼요. (갑자기 내 카메라를 들고 뛰기 시작한다.)

나   **Oh, nein!** (다른 행인에게) **Entschuldigung, können Sie mir helfen?** 오, 안돼! 실례합니다. 도와주실 수 있나요?

행인2   **Ja.** 네.

나   **Können Sie die Polizei rufen?** 경찰 불러 주실 수 있나요?

행인2   **Oh, Moment.** 오, 잠시만요.

단어   der Moment [모멘트] 순간, 찰나 ᄎᆞᆯ 구어체에서는 "Moment! (잠시만요!)"라는 의미로도 쓰임.

217

문제로 확인하기 : 이해도를 점검해 보자!

1. 다음 문장에 관련된 그림을 연결하세요.

Können Sie die Polizei rufen?　·

·　

Können Sie mir den Weg zeigen?　·

·　

Können Sie ein Foto machen?　·

·　

2. 다음 단어를 활용하여 문장을 만드세요.

können	nochmal	helfen	Sie	das
mir	gehen	bitte	sagen	

① 도와주실 수 있나요?　➡ _____ .

② 그거 다시 한 번 말씀해 주실 수 있나요?

　　　　　➡ _____ .

③ 좀 가 주실 수 있나요?　➡ _____ .

218

지속 가능한 독일어 공부

독일어를 시작하는 이유는 사람마다 천차만별입니다.
하지만 그만두는 이유는 비슷비슷해요.
독일어 공부가 힘들고 지겨워서 계속할
이유를 찾을 수 없어졌기 때문이겠죠.
그렇다면 지속 가능한 독일어 공부는 어떤 모습이어야 할까요?

1 책 한 권을 보더라도 제대로

독일어 공부를 처음 시작하는 분들이 흔히 하는 실수가 바로 이것저것 좋다는 책을 다 사들이는 것입니다. 열심히 하고 싶고 의욕 넘치는 마음은 이해하지만, 그런다고 해서 독일어가 빨리 느는 것은 절대 아니에요. 오히려 책꽂이에 방치된 책들을 보며 부담감만 늘겠죠. **내 수준에 맞고 마음에 드는 책을 딱 한 권만 고르되, 무조건 예문이 많은 것으로 선택하세요.** 그리고 책을 보다가 나오는 모르는 단어, 어휘들은 싹 정리해서 단어장도 만드세요. 그러면 벌써 〈기본서 한 권 + 나만의 단어장〉이 만들어졌죠? 내가 선택한 책에서 만큼은 문법이든, 단어든 모르는 것이 단 하나도 없게 공부하세요. 그 과정에서 나에게 추가로 필요한 책들을 하나씩 늘려가세요. 이것이 부담은 적고 실속은 큰 공부 방법입니다.

2 적극적으로 콘텐츠 찾기

공부 목적으로 책만 계속 보면 독일어가 지겨워지는 것은 시간 문제입니다. 일본어를 배울 때 일본 애니메이션, 영어를 배울 때 미드나 영드, 이렇게 즐길 수 있는 콘텐츠가 확실한 데에 비해 독일어는 그런 것이 별로 없어서 더 지루하게 느껴지는 것도 있고요. 하지만 조금만 적극적으로 찾아보면 독일어 콘텐츠도 무궁무진하답니다. 매번 한국 사이트에서만 검색했다면, 이제부터는 구글에 독일어로 검색해 보세요. 거창한 것일 필요 없이 그냥 내가 좋아하는 주제를 독일어로 검색하면 돼요. 쇼핑에 관심 있는 분이라면 Zalando (패션 쇼핑몰), Douglas (화장품 쇼핑몰) 등 독일 인터넷 쇼핑몰에서 이것저것 구경하면서 독일어에 익숙해져보세요. 넷플릭스나 디즈니플러스같은 글로벌 OTT 서비스를 구독 중이라면, **내가 좋아하는 작품을 독일어 더빙 버전에 독일어 자막까지 얹어서 다시 감상해 보세요.** 이밖에도 나의 관심사와 독일어를 연결하면 수많은 콘텐츠들을 발견할 수 있을 거예요.

3 독일에 가야 할 이유 만들기

독일어를 공부하는 가장 큰 동기는 아무래도 독일이라는 나라 그 자체가 아닐까 합니다. 한국에서 독일어 공부를 게을리 하다가도 독일 여행이나 유학 일정이 가까워지면 의욕이 불타오르는 것처럼요. 아무리 독일어 공부를 해도 써먹을 일이 없다면 그것만큼 의지를 꺾는 일이 없겠죠? 그래서 저는, 어쩌면 막연하게 들리겠지만, 독일에 가야 할 이유를 만들어 놓고 독일어 공부를 하라고 권하고 싶어요. 짧은 여행도 좋고, 한 달 살기도 좋고, 워킹 홀리데이나 어학 연수 등 목적과 방법은 다양하니까요. 물론 비용과 시간 등 현실적인 문제가 있다는 걸 알아요. 하지만 미국이나 영국, 심지어 가까운 아시아 국가들과 비교해도 독일은 진입장벽이 꽤 낮은 나라입니다. 대한민국 국민은 3개월까지 무비자로 체류할 수 있고, 생활비도 체감상 한국과 비슷한 수준이거든요. 설령 실현되지는 못하더라도, 독일행을 꿈꾸며 열심히 독일어 공부하면서 자금을 모으는 그 시간 자체만으로도 의미 있고 소중한 경험이니까요.

4 독일어 권태기 극복하기

독일어랑 제대로 연애한 적도 없는 것 같은데 다짜고짜 권태기부터 찾아와서 고민하는 분들이 많아요. 독일어 권태기란, 공부를 하다가 어느 순간 독일어가 꼴보기 싫어지고 독일어로 된 것은 글자 하나라도 접하고 싶지 않아지는 그런 상태인데요. 저도 주기적으로 겪습니다. 이럴 때 억지로 독일어 공부를 계속하려고 너무 애쓰면, 오히려 독일어에 학을 떼게 될 수 있어요. 차라리 3일에서 일주일 정도 독일어를 완전히 놓아 버리는, 말하자면 '독일어 디톡스'가 권태기 극복에 좋은 방법이 될 수 있습니다. 디톡스가 끝나면 예전에 봤던 쉬운 책들을 위주로 다시 공부를 시작해 보세요. 지나치게 어려운 자료를 가지고 공부하는 것도 권태기를 부추기는 원인입니다. 또, 그동안 봐 왔던 콘텐츠들 대신 새로운 독일어 콘텐츠도 찾아서 보세요. 하지만 결국에 가장 중요한 건 독일어를 놓지 않겠다는 내 마음, 독일어로 인해 새롭게 발견한 나 자신을 버리지 않겠다는 내 결심이겠죠. 그리고 이 마음과 결심이, 여기까지 이 책을 보신 여러분께는 분명히 있어요.

알찬부록

부록 전체 듣기

❶ 알파벳과 발음 클리닉
❷ 강세와 장단음
❸ 숫자 익히기
❹ 문제로 확인하기 정답

알파벳

본문을 통해 독일어 알파벳의 다양한 발음을 자연스럽게 접했으니,
한번 더 체계적으로 정리해서 보면 절대 잊어 버리지 않을 거예요.

기본 알파벳 26개

🎧 plus1-0.mp3

A a	B b	C c	D d	E e	F f
[aa] 아-	[be] 베-	[ce] 츠쩨-	[de] 데-	[ee] 에-	[ef] 에프
Auto [아우토] 자동차	Berlin [베알린] 베를린	Chemie [헤미-] 화학	Dom [도옴] 대성당	Esel [에-젤(z)] 당나귀	Feuer [포(f)이아] 불
G g	H h	I i	J j	K k	L l
[ge] 게-	[ha] 하-	[ii] 이-	[jot] 요트	[ka] 카-	[el] 엘
Gast [가스트] 손님	Haus [하우스] 집	Insel [인젤(z)] 섬	Junge [융에] 소년	Kuss [쿠쓰] 키스	Liebe [리-베] 사랑
M m	N n	O o	P p	Q q	R r
[em] 엠	[en] 엔	[oo] 오	[pe] 페-	[ku] 쿠-	[er] 에얼
Mama [마마] 엄마	Name [나-메] 이름	Ost [오스트] 동쪽	Papa [파파] 아빠	Quelle [크벨(v)레] 출처	Raum [라움] 공간

S s	T t	U u	V v	W w	X x
[es] 에ㅅ	[te] 테-	[uu] 우-	[vau] 파(f)우	[we] 베(v)-	[ix] 익ㅅ
Salbe [잘(z)베] 연고	**Ton** [토온] 소리	**Uhr** [우어] 시계	**Vogel** [포(f)-겔] 새	**Wolke** [볼(v)케] 구름	**Taxi** [탁시(c)] 택시

Y y	Z z
[ypsilon] 윕실론	[zett] ㅊ쩨ㅌ
System [쥐(z)ㅅ템] 시스템	**Zeit** [ㅊ짜이ㅌ] 시간

특수 알파벳 4개

ß (ss)	Ä ä	Ö ö	Ü ü
[eszett] 에ㅅㅊ쩨ㅌ	[ae] 애	[oe] 외	[ue] 위
Straße [슈트라-쎄] 길, 도로	**Bär** [배아] 곰	**Sören** [죄(z)-른] 죄렌(남자 이름)	**Übung** [위-붕] 연습

발음 클리닉

영어와 독일어는 뿌리가 아예 다르지 않은 언어이기 때문에, 비슷하게 생긴 단어들이 많아요. 우리에게는 아무래도 학교에서부터 배운 영어가 더 익숙하니까 독일어 단어들을 영어식으로 발음하기 쉬운데요. 특히 헷갈리기 쉬운 단어들을 살펴봅시다.

case1 헷갈리는 알파벳 발음　　　　　 plus1-1.mp3

B	[ㅂ]과 [ㅃ] 중간 정도의 발음 * 너무 약하게 발음하면 p처럼 들릴 수 있어요.	**bar** [바-] 현금의 찰 **Paar** [파-] 한 쌍, 커플 * b와 p를 비교해서 들어보세요!
C	**c** 자체의 발음은 [ㅊ]소리로 시작해서 아주 약한 [ㅉ]로 끝남	**C1** [ㅊ쩨 아인스] 유럽 언어 상급 레벨
	c로 시작하는 단어는 거의 없고, 보통 **ch** 조합으로 나오는 경우가 많음	**Charisma** [카리스마] 카리스마
D	단어 맨 앞의 **d**는 원래대로 [d] 발음	**Deutschland** [도이칠란트] 독일 이 단어는 d가 두 번 들어가지만 발음이 다르죠? 맨 앞의 d는 원래대로 d 발음이지만, 맨 끝의 d는 t로 발음됩니다.
	단어 맨 끝에 **d**가 오면 [t]로 발음	

224

G	단어 맨 앞의 **g**는 원래대로 [g] 발음	**Gut** [구-ㅌ] 좋다
	단어 맨 끝에 **g**가 오면 가벼운 [k] 발음	**Tag** [타-ㅋ] 날, 하루
	예외! 단어 맨 끝에 **ig** 조합일 때, [ㅎ] 발음 * 지역에 따라 [이ㅋ] 라고 발음하기도 해요.	**König** [쾨-니ㅎ] 왕
J	기본적으로 영어의 **y**와 같은 발음	**jung** [융] 어리다, 젊다
	외래어의 경우 원어 발음을 그대로 살려 영어의 **j**로 발음	**Jeans** [영어 발음] 청바지
S	단어 맨 앞에 오는 **s**는 [z] 발음	**Sahne** [자(z)-네] 생크림
	단어 맨 끝에 오는 **s**는 그대로 [s] 발음	**Sechs** [젝(z)ㅅ] 숫자 6
Y	기본적으로 [위]라고 발음	**Pyramide** [퓌라미-데] 피라미드
	단어에 따라 그냥 [이]처럼 발음하는 경우도 있음.	**Baby** [베이비] 아기
ß	[ss] 로 발음 * ß는 단어 맨 앞에는 올 수 없고, 중간이나 끝에 와요.	**Bußgeld** [부-쓰겔ㅌ] 벌금

ch	평범한 **[ㅋ]** 발음	**Chaos** [카-오시] 카오스 ('ㅋ' 발음)
	입을 옆으로 찢고 '히~' 하면서 바람 빠지는 발음	**China** [히-나] 중국 ('히~' 발음)
	목구멍을 '크흐~' 하고 긁으며 내는 발음	**Buch** [부ㅋㅎ] 책 ('크흐~' 발음)
ei	**[아이]** 라고 발음 * [에이]가 아니에요!	**Geige** [가이게] 바이올린
eu	**[오이]** 와 **[어이]** 의 중간 발음 * 입모양은 '어이'에 두고 발음은 '오이'라고 하면 거의 정확해요.	**treu** [트로이] 충실한, 바람 피우지 않는
äu	**eu** 조합과 같은 발음	**Käufer** [코이파(f)] 구매자
ig	단어 맨 끝에 **ig** 조합일 때, **[ㅎ]** 발음 * 지역에 따라 [이ㅋ] 라고 발음하기도 해요.	**König** [쾨-니ㅎ] 왕
tion	단어 맨 끝에 왔을 때, [티온]이 아닌 **[ㅊ찌온]** 으로 발음	**Lektion** [렉ㅊ찌온] 교훈
qu	**[ㅋㅂ(v)]** 로 발음	**Quelle** [ㅋ벨(v)레] 샘; 출처
sch	공기가 많이 섞인 **[샤]** 와 **[슈]** 의 중간 발음 * 너무 무겁지 않은 발음이에요.	**Mensch** [멘슈] 인간

226

tsch	**sch** 조합에 **t**를 더해 **[츄~]** 하고 압력 밥솥 김 빠지는 듯한 발음	**hatschi** [하츄ㅣ] 에취 (재채기 소리)
sp, st	단어 맨 앞에 왔을 때, 각각 **[슈ㅍ]**, **[슈ㅌ]** 로 발음 * 이때 [슈] 부분은 sch 조합과 같은 발음이에요.	**Spree** [슈프레-] 베를린 슈프레 강 **Stress** [슈트레쓰] 스트레스

case3 영어와 헷갈리는 발음

 plus1-3.mp3

-tion	[-션]이 아니라, 콩글리쉬처럼 **[ㅊ찌온]**으로 발음	**Information** [인포(f)마ㅊ찌온] 정보 **Situation** [지(z)투아ㅊ찌온] 상황
A	[애]가 아니라, 정직하게 **[아]**로 발음	**Album** [알붐] 앨범 **Bank** [방ㅋ] 은행
U	[어], [유]등이 아니라 오직 **[우]**로만 발음	**Butter** [부타] 버터 **Musik** [무질(z)ㅓ] 음악
W / V	**[V] / [F]**로 발음	**Volkswagen** [폴(f)ㅋㅅ바(v)-겐] 폭스바겐

* 비교적 최근에 유입된 영어 단어들의 경우에는, 위의 규칙을 따르지 않고 영어 발음을 살려 읽습니다.

예 **Computer** [컴퓨-타] 컴퓨터, **Laptop** [랩톱] 노트북, **Snack** [스낵] 간식

강세와 장단음

독일어 회화에서 알파벳 하나하나의 발음을 제대로 하는 것만큼
중요한 것이 강세와 장단음을 제대로 지키는 것이랍니다.

1 강세

독일어 강세는 크게 '단어 강세'와 '문장 강세'로 나뉘는데, 지금 단계에서 중요한 것은 '단어 강세'입니다. 단어를 발음할 때 어디에 강세(=액센트)를 주느냐인데요. 단어에 강세를 줄 때는, 소리를 더 크게 내거나 세게 말하는 것이 아니라 해당 부분의 음을 반음 정도 올려 줍니다. 원어민이 말하는 것을 들을 때는 바로 이 멜로디(어디를 올리고 어디를 내리는지)에 특히 귀 기울이세요.

🎧 plus2-1.mp3

문제로 확인하기 다음을 듣고, 어디에 강세가 오는지 표시해 봅시다. (정답은 하단에 있습니다.)

1. Anfang [안팡(f)] 시작, 처음

2. Erfahrung [에어파(f)-룽] 경험

3. Kultur [쿨투어] 문화

4. Urlaub [우얼라웊] 휴가

5. Berlin [베알린] 베를린

6. Hamburg [함부억] 함부르크

7. Motiv [모티-f] 동기, 모티브

8. Information [인포(f)마츠찌온] 정보

강세 정답

1. Anfang   2. Erfahrung   3. Kultur   4. Urlaub   5. Berlin   6. Hamburg   7. Motiv   8. Information

2 장단음

한국어에도 긴 모음과 짧은 모음이 있다고는 하지만, 일상 회화에서 이걸 다 구별해서 사용하는 사람은 거의 없겠죠? 하지만 독일어에서는 장음과 단음을 확실히 구별합니다.

예를 들어, Stadt(도시)와 Staat(국가)라는 단어가 있는데요. 단음인 Stadt는 [슈딸ㅌ] 라고 읽고, 장음인 Staat는 [슈따ㅡㅌ]라고 읽어야 해요. 그렇지 않으면 두 단어 소리가 똑같아서 의사소통에 문제가 생길 수 있거든요. 그래서 독일어로 말을 할 때에도, 들을 때에도 장단음을 잘 구별하는 것은 생각보다 정말 중요하답니다.

1	**aa, ee, oo** 등 모음이 두 개 겹쳐서 나오면 장음	**Tee** [테-] 마시는 차 **Zoo** [ㅊ쪼-] 동물원
2	**ah, eh, ih, oh, uh** 등 모음과 **h**가 함께 나오면 장음, 이 때 h는 묵음 처리 (예외가 있을 수 있음)	**gehen** [게-은] 가다
3	모음 뒤에 자음이 여러 개 나오는 경우 대체로 짧게 발음 (예외가 있을 수 있음.)	**Kamm** [캄] 머리빗 참 **kam** [카-ㅁ] 'kommen(오다)' 의 과거형
4	**ß** 앞에 나오는 모음은 항상 장음	**Fuß** [푸(f)-ㅆ] 발
5	**x** 앞에 나오는 모음은 항상 단음	**Max** [막시] 막스(남자 이름)

229

3

숫자 익히기

다른 유럽 언어에 비해 쉽기로(?) 소문난 독일어 숫자 체계!
한번 알아두면 두고두고 써먹을 데가 많아서 공부한 보람이 있어요.

1 0~12

🎧 plus3-1.mp3

0	**null** [눌]	5	**fünf** [퓐(f)f]	10	**zehn** [ㅊ쩨-ㄴ]
1	**eins** [아인ㅅ]	6	**sechs** [젝(z)ㅅ]	11	**elf** [엘f]
2	**zwei** [ㅊ쯔바(v)이]	7	**sieben** [지(z)-븐]	12	**zwölf** [ㅊ쯔뵐(v)f]
3	**drei** [드라이]	8	**acht** [아ㅋ흐트]		
4	**vier** [피(f)-아]	9	**neun** [노인]		

2 13~19

🎧 plus3-2.mp3

13	**dreizehn** [드라이ㅊ쩨-ㄴ]	16*	**sechzehn** [제(z)히ㅊ쩨-ㄴ]	19	**neunzehn** [노인ㅊ쩨-ㄴ]
14	**vierzehn** [피(f)-아ㅊ쩨-ㄴ]	17*	**siebzehn** [집(z)ㅊ쩨-ㄴ]		
15	**fünfzehn** [퓐(f)fㅊ쩨-ㄴ]	18	**achtzehn** [아ㅋ흘ㅊ쩨-ㄴ]		

230

규칙 설명

● 0부터 12까지의 숫자는 각각 고유의 이름이 있어서 한 번쯤 외우고 넘어가는 게 좋아요.

● 13~19의 경우, 우리말의 '십삼'처럼 '십→삼'의 순서가 아니라 그 반대로 '삼→십'의 순 서로 읽어요. 즉, 13에서 일의 자리인 3(drei)를 먼저 읽고 그 뒤에 10(zehn)을 읽어서 dreizehn이 되는 것입니다.

● 16과 17의 경우 단순히 생각하면 sechszehn*과 siebenzehn*일 것같지만 그렇지 않고, 예외적으로 각각 sechzehn, siebzehn이 되는 것에 주의하세요.

문제로 확인하기 　다음은 어떤 숫자일까요? 네모 안에 써 보세요!

1. fünf ➡ 　　　　　　　6. zehn ➡

2. fünfzehn ➡ 　　　　　7. neun ➡

3. neunzehn ➡ 　　　　　8. sieben ➡

4. siebzehn ➡ 　　　　　9. sechzehn ➡

5. zwei ➡ 　　　　　　　10. zwölf ➡

20	**zwanzig** [ㅊ쯔반(v)ㅊ찌ㅎ]	31	**einunddreißig** [아인 운 드라이씨ㅎ]
21	**einundzwanzig** [아인 운 ㅊ쯔반(v)ㅊ찌ㅎ]	32	**zweiunddreißig** [ㅊ쯔바(v)이 운 드라이씨ㅎ]
22	**zweiundzwanzig** [ㅊ쯔바(v)이 운 ㅊ쯔반(v)ㅊ찌ㅎ]	33	**dreiunddreißig** [드라이 운 드라이씨ㅎ]
23	**dreiundzwanzig** [드라이 운 ㅊ쯔반(v)ㅊ찌ㅎ]	40	**vierzig** [피(f)아ㅊ찌ㅎ]
24	**vierundzwanzig** [피(f)아 운 ㅊ쯔반(v)ㅊ찌ㅎ]	50	**fünfzig** [퓐(f)fㅊ찌ㅎ]
25	**fünfundzwanzig** [퓐(f)f 운 ㅊ쯔반(v)ㅊ찌ㅎ]	60	**sechzig** [제(z)히ㅊ찌ㅎ]
26	**sechsundzwanzig** [젝(z)ㅅ 운 ㅊ쯔반(v)ㅊ찌ㅎ]	70	**siebzig** [집(z)ㅊ찌ㅎ]
27	**siebenundzwanzig** [지(z)-븐 운 ㅊ쯔반(v)ㅊ찌ㅎ]	80	**achtzig** [아ㅋ흗ㅊ찌ㅎ]
28	**achtundzwanzig** [아ㅋ흐ㅌ 운 ㅊ쯔반(v)ㅊ찌ㅎ]	90	**neunzig** [노인ㅊ찌ㅎ]
29	**neunundzwanzig** [노인 운 ㅊ쯔반(v)ㅊ찌ㅎ]	99	**neunundneunzig** [노인 운 노인ㅊ찌ㅎ]
30*	**dreißig** [드라이씨ㅎ]		

규칙 설명

● 20부터 99까지의 숫자는 일정한 규칙성에 따라 움직이기 때문에, 자잘한 예외 몇 가지만 주의하면 비교적 쉽게 익힐 수 있어요.

● 20, 30 … 90처럼 대표되는 숫자들은 전부 –zig로 끝나는 것을 알 수 있어요. 딱 한 가지 예외는 30(dreißig)이니 더 신경 쓰세요!

● 21, 22 … 99와 같은 두 자리 숫자 역시 일의 자리를 먼저 읽고 십의 자리를 나중에 읽는데, 중간에 und(그리고)를 넣어서 연결하는 게 특징이에요. 예컨대 45의 경우, 일의 자리 5(fünf) 먼저 읽고 십의 자리 40(vierzig)을 읽되, 중간에 und를 넣어서 fünfundvierzig라고 하는 거죠.

● 20의 경우 왠지 zweizig*일 것같지만 zwanzig가 맞고, 60은 sechszig*가 아닌 sechzig, 그리고 70은 siebenzig*가 아니라 siebzig예요. 또, 1로 끝나는 숫자의 경우 einsund*…이라 쓰지 않고 einund… 이렇게 eins에서 s를 떼고 쓰는 것에 유의합니다.

● 백만 미만의 독일어 숫자를 풀어 쓸 땐 띄어쓰기를 하지 않는 것이 원칙입니다.

문제로 확인하기 다음은 어떤 숫자일까요? 네모 안에 써 보세요!

1. fünfundzwanzig ➡

6. zweiundfünfzig ➡

2. einunddreißig ➡

7. neunundachtzig ➡

3. achtundneunzig ➡

8. sechsundsiebzig ➡

4. siebenundsechzig ➡

9. dreiunddreißig ➡

5. vierundvierzig ➡

10. siebenundsiebzig ➡

🎧 plus3-4.mp3

100	**einhundert** [아인 훈다ㅌ]	**200**	**zweihundert** [츠쯔바(v)이 훈다ㅌ]
101	**einhunderteins** [아인 훈다ㅌ 아인ㅅ]	**300**	**dreihundert** [드라이 훈다ㅌ]
102	**einhundertzwei** [아인 훈다ㅌ 츠쯔바(v)이]	**400**	**vierhundert** [피(f)아 훈다ㅌ]
110	**einhundertzehn** [아인 훈다ㅌ 츠쩨-ㄴ]	**500**	**fünfhundert** [퓐(f)f 훈다ㅌ]
111	**einhundertelf** [아인 훈다ㅌ 엘f]	**600**	**sechshundert** [젝(z)ㅅ 훈다ㅌ]
112	**einhundertzwölf** [아인 훈다ㅌ 츠쯔뷜(v)f]	**700**	**siebenhundert** [지(z)-븐 훈다ㅌ]
120	**einhundertzwanzig** [아인 훈다ㅌ 츠쯔반(v) 츠찌ㅎ]	**800**	**achthundert** [아ㅋ흐ㅌ 훈다ㅌ]
121	**einhunderteinundzwanzig** [아인 훈다ㅌ 아인 운 츠쯔 반(v) 츠찌ㅎ]	**900**	**neunhundert** [노인 훈다ㅌ]
122	**einhundertzweiundzwanzig** [아인 훈다ㅌ 츠쯔바(v)이 운 츠쯔반(v) 츠찌ㅎ]	**1000**	**eintausend** [아인 타우젠(z)ㅌ]

어려운 숫자 읽기 도전!

999	**neunhundertneunundneunzig** [노인 훈다ㅌ 노인 운 노인 츠찌ㅎ]
1999	**eintausendneunhundertneunundneunzig** [아인 타우젠(z)ㅌ 노인 훈다ㅌ 노인 운 노인 츠찌ㅎ]

규칙 설명

● 100~999의 숫자는 백의 자리를 먼저 읽은 뒤 나머지 숫자를 원래 방식대로 읽으면 돼요. 737을 예로 들면 700(siebenhundert)을 먼저 읽고, 나머지 37(siebenunddreißig)을 읽어서 siebenhundertsiebenunddreißig, 이렇게 됩니다.

● 천의 자리 숫자도 마찬가지로 천의 자리를 가장 먼저 읽고, 그 다음에 백의 자리, 그리고 나서 나머지 숫자를 읽으면 됩니다.

문제로 확인하기 다음은 어떤 숫자일까요? 네모 안에 써 보세요!

1. einhundert

2. einhundertsiebenundzwanzig

3. siebenhundert

4. eintausendsiebenhundert

5. zweitausend

6. einhundertzweiundsiebzig

7. dreihundertdreiunddreißig

8. eintausend

9. eintausendsiebenhunderteinundvierzig

10. zweitausendzweihundertzweiundzwanzig

5 숫자 관련 중요 표현

 plus3-5.mp3

돈

유럽의 많은 이웃 나라들과 마찬가지로 독일에서도 유로화(€)를 사용합니다. 1유로(Euro) 미만의 작은 단위는 센트(Cent)라고 불러요. 독일은 한국에 비해 현금 사용 비율이 훨씬 높으니, 아래의 지폐와 동전 단위들을 익혀 두면 편리할 거예요.

지폐

€5 : fünf Euro [퓐(f)f 오이로]

€10 : zehn Euro [츠쩨-ㄴ 오이로]

€20 : zwanzig Euro [츠쯔반(v)츠찌ㅎ 오이로]

€50 : fünfzig Euro [퓐(f)f츠찌ㅎ 오이로]

€100 : einhundert Euro [아인 훈다트 오이로]

* 200유로와 500유로 지폐도 있지만 상대적으로 적게 사용합니다.
  큰 단위 지폐를 받지 않는 가게도 많습니다.

동전

€0.01 : ein Cent [아인 쎈트]

€0.02 : zwei Cent [츠쯔바(v)이 쎈트]

€0.05 : fünf Cent [퓐(f)f 쎈트]

€0.10 : zehn Cent [츠쩨-ㄴ 쎈트]

€0.20 : zwanzig Cent [츠쯔반(v)츠찌ㅎ 쎈트]

€0.50 : fünfzig Cent [퓐(f)f츠찌ㅎ 쎈트]

€1 : ein Euro [아인 오이로]

€2 : zwei Euro [츠쯔바(v)이 오이로]

주소

독일에서 주소는 중요한 신원 보증 수단이에요. 단기간을 지내더라도 돌발 상황에 대비해 숙소 주소를 꼭 숙지하고 있는 것이 좋습니다. 또한, 독일에서는 은행 및 관공서 업무, 계약 등의 주요 커뮤니케이션이 여전히 우편을 통해 이루어지기 때문에, 독일의 주소 시스템을 이해하는 것은 생각보다 중요하답니다.

독일어로 주소 읽고 쓰는 법

Paul Lim(이름과 성)

Musterstraße 121(도로명과 번지수)

12345 Berlin(우편번호와 도시명)

● 번지수는 1에서 시작해서 많게는 100 이상까지 가기도 해요. 읽는 법은 일반적인 숫자처럼 읽으면 됩니다.

  예 121 = einhunderteinundzwanzig

● 우편번호는 Postleitzahl [포ㅅㅌ라일ㅊ짜ㅡㄹ], 줄여서 PLZ [페엘ㅊ쩨ㅌ] 라고 불러요. 읽을 때에는 숫자 하나 하나를 개별적으로 읽습니다.

  예 12345 = eins-zwei-drei-vier-fünf

문제로 확인하기 정답

PART1

1과

상황1 Guten Morgen!
상황2 Guten Tag!
상황3 Hallo!
상황4 Guten Abend!
상황5 Hi!

2과

상황1 Bitte schön. 또는 Gerne.
상황2 Danke.
상황3 Danke schön.

3과

상황1 Sorry.
상황2 Alles gut.
상황3 Entschuldigung!
상황4 Tut mir leid.

4과

상황1 Na?
상황2 (Sehr) gut.
상황3 Und dir?

5과

상황1 Bis bald!
상황2 Tschüss! / Ciao!
상황3 Bis morgen!

PART2

6과

1. Ich bin

2. ① Ich bin Emily.
   ② Ich bin Koreanerin.
   ③ Ich bin groß.

3. ① Ich bin Student.
   ② Ich bin auch Deutsche.
   ③ Ich bin traurig.
   ④ Ich bin auch klein.
   ⑤ Ich bin gesund.

7과

1. Ich habe

2. ① Ich habe Hunger.
   ② Ich habe Durst.

③ Ich habe Angst.

3. ① Ich habe keine Zeit.
   ② Ich habe Stress.
   ③ Ich habe kein Fieber.

1. Ich mache

2. ① Ich mache Hausaufgaben.
   ② Ich mache Sport.
   ③ Ich mache Mittagessen.

3. ① Ich mache morgen Urlaub.
   ② Ich mache gerade Yoga.
   ③ Ich mache Pause.

9과

1. Ich esse

2. ① Ich esse Pommes.
   ② Ich esse einen Döner.
   ③ Ich esse Abendbrot.

3. ① Ich esse gerne Eis.
   ② Ich esse Suppe.

③ Ich esse gerne Obst.

1. Ich trinke

2. ① Ich trinke Bier.
   ② Ich trinke O-Saft.
   ③ Ich trinke Wasser.

3. ① Ich trinke ein Glas Wein.
   ② Ich trinke viel Wein.
   ③ Ich trinke eine Tasse Tee.

11과

1. Ich schaue

2. ① Ich schaue Nachrichten.
   ② Ich schaue Fußball.
   ③ Ich schaue Fernsehen.

3. ① Ich schaue bei Emily eine Netflix-
      Serie.
   ② Ich schaue zuhause einen
      Livestream.
   ③ Ich schaue einen Film.

12과

1. Ich gehe

2. ① Ich gehe schwimmen.
　② Ich gehe spazieren.
　③ Ich gehe shoppen.

3. ① Ich gehe allein nach Hause.
　② Ich gehe mit Freunden shoppen.
　③ Ich gehe zur Uni.
　④ Ich gehe allein zur Arbeit.

13과

1. Ich mag

2. ① Ich mag Tagträumen.
　② Ich mag Frühling.
　③ Ich mag das Café.

3. ① Ich mag Katzen sehr gerne.
　② Ich mag die Jacke sehr gerne.
　③ Ich mag Tanzen.
　④ Ich liebe Sommer.

14과

1. Ich will, ich möchte

2. ① Ich will Party machen.
　② Ich möchte ein Glas Weißwein.
　③ Ich will mit Freunden quatschen.

3. ① Ich will nach Hause gehen.
　② Ich will ein Schokoeis essen.
　③ Ich möchte Pause machen.

15과

1. Ich kann

2. ① Ich kann Auto fahren.
　② Ich kann scharf essen.
　③ Ich kann Deutsch (sprechen).

3. ① Ich kann das (machen).
　② Ich kann kalt duschen.
　③ Ich kann ohne Handy nicht leben.
　④ Ich kann allein im Restaurant
　　essen.

16과

1. Ich muss

2. ① Ich muss Deutsch lernen.

② Ich muss meine Großeltern
besuchen.

③ Ich muss zum Friseur gehen.

3. ① Ich muss früh aufstehen.

② Ich muss hier aussteigen.

③ Ich muss unbedingt meinen Vater
anrufen.

④ Ich muss nicht unbedingt früh zur
Arbeit gehen.

PART3

17과

1. Du bist

2. ① Bist du Amerikaner?

② Bist du Studentin?

③ Bist du Daniel?

3.

18과

1. Du hast

2. ① Hast du Zeit?

② Hast du Stress?

③ Hast du Fieber?

3.

19과

1. Du machst

2. ① Machst du Sport?

② Machst du Mittagspause?

③ Machst du Feierabend?

3.

20과

1. Du isst

2. ❶ Isst du Fleisch?

   ❷ Isst du gerne Schokolade?

   ❸ Isst du viel Obst?

3.

21과

1. Du trinkst

2. ❶ Trinkst du keinen Alkohol?

   ❷ Trinkst du gerne Tee?

   ❸ Trinkst du viel Kaffee?

3.

22과

1. Du schaust

2. ❶ Schaust du Serien?

   ❷ Schaust du gerne Fußball?

   ❸ Schaust du zuhause Fernsehen?

3.

23과

1. Du gehst

2. ❶ Gehst du nach Hause?

   ❷ Gehst du einkaufen?

   ❸ Gehst du allein spazieren?

3.

24과

1. Du magst

2. ❶ Magst du Tteokbokki?

   ❷ Magst du das Café?

   ❸ Magst du Katzen oder Hunde?

3.

25과

1. Du willst

2. ① Was willst du machen?
　　② Was willst du essen?
　　③ Was willst du denn sagen?

3.

26과

1. Du kannst

2. ① Kannst du Gitarre spielen?
　　② Kannst du Koreanisch sprechen?
　　③ Kannst du nicht Auto fahren?

3.

27과

1. Du musst

2. ① Musst du morgen früh aufstehen?

　　② Musst du unbedingt nach Hause?
　　③ Wann musst du deine Eltern
　　　　besuchen?

3.

PART4

28과

1.

2. ① Ein Glas Wein, bitte.
　　② Eine Flasche Wein, bitte.
　　③ Vier Tüten, bitte.

29과

1.

2. ① Gibt es hier einen Parkplatz?

❷ Gibt es hier auch Glühwein?

❸ Gibt es hier eine SIM-Karte?

2. ❶ Das ist zu teuer.

   ❷ Das ist lecker.

   ❸ Das ist zu wenig.

1.

1.

2. ❶ Ich suche eine Bushaltestelle.

   ❷ Ich suche einen Laden.

   ❸ Ich suche ein Buch.

2. ❶ Können Sie mir helfen?

   ❷ Können Sie das nochmal sagen?

   ❸ Können Sie bitte gehen?

31과

1.

2. ❶ Wo ist der Treffpunkt?

   ❷ Wo ist die Kasse?

   ❸ Wo ist die Getränkeabteilung?

32과

1.

보너스

진짜 쉬운데
진짜 네이티브스러운
표현 50가지

보너스 전체 듣기

#인사말 # 감탄사 # 맞장구

의사 표현 # 네이티브력 100% 표현

인사말

1

Prost! [프로스트]

건배!

독일에서는 맥주나 와인 등 술을 마실 때 "Prost!"라고 외치며 건배해요. 한 가지 팁! 독일에는 건배할 때 서로 눈을 마주치지 않으면 불행이 온다는 미신이 있답니다.

2

Zum Wohl! [ㅊ쭘 보(v)-ㄹ]

위하여!

"건배!"와 더불어 가장 흔하고 사랑 받는 건배사가 바로 "Zum Wohl!" 입니다. Wohl에는 '행복, 안녕'이라는 의미가 있어요.

3

Guten (Appetit)! [구튼 아페티트]

맛있게 드세요!

독일인들은 다함께 식사를 시작할 때나, 다른 사람이 식사하는 걸 봤을 때 이렇게 인사합니다. '식욕, 입맛'이라는 뜻의 Appetit은 붙여도 되고 생략해도 돼요.

4

Gute Reise! [구테 라이제(z)]

즐거운 여행 하세요!

여행을 떠나는 사람에게, 혹은 여행 목적이 아니더라도 먼 길을 떠나는 사람에게 하는 인사말입니다. Reise는 '여행'이라는 뜻이에요.

5

Servus! [세아부(v)ㄴ]

안녕하세요! (독일 남부, 오스트리아 방언)

독일의 바이에른 주나, 그와 국경을 접하고 있는 오스트리아에서는 "Servus!"라는 인사가 많이 쓰입니다. 방언이기 때문에 발음 규칙이 살짝 다르게 적용돼요.

246

6

Grüß Gott! [그뤼ㅆ 곹트]

안녕하세요! (독일 남부, 오스트리아 방언)

"Servus!"와 더불어 독일 남부 및 오스트리아에서 많이 쓰이는 인사말입니다. 어원을 살펴보면 "신(Gott)께서 당신을 반기신다(grüß)"라는 의미라고 합니다.

7

Moin! [모인]

안녕하세요! (독일 북부 방언)

항구 도시 함부르크를 비롯해 독일 북부 지역에서는 "Moin!"이라는 인사가 널리 통용됩니다. "Moin moin! [모인 모인]" 하고 두 번씩 하기도 해요.

8

Ciao! [챠오]

잘 가!

이탈리아어에서 온 표현으로, 캐주얼하고 친근한 느낌이에요. "Ciao ciao! [챠오 차오]" 하고 두 번씩 말하기도 합니다. 귀여운 표현이죠?

9

Schönen Tag! [쇼ㅣ는 타-ㅋ]

좋은 하루 보내세요!

작별 인사에 덧붙여서 많이 쓰는 표현입니다.

10

Schönen Abend! [쇼ㅣ는 아-벤트]

좋은 저녁 보내세요!

저녁 시간대에는 이 표현을 쓰는데요. 많이 늦은 시간일 때는 '아직, 여전히' 라는 의미의 'noch[노ㅋㅎ]'를 더해 "Schönen Abend noch!"라고 하기도 해요.

🎧 bonus2.mp3

11

Juhu! [유후]
야호!

신이 나고 흥이 날 땐 "야호!", "오예!" 등의 추임새가 절로 나오죠? 독일어로는 "Juhu!"라고 한답니다.

12

Yippie! [예피]
신난다!

영어와 같은 표현으로, 신남을 주체할 수 없을 때 외쳐 보세요. "Yippie!"

13

Ach! [아ㅋㅎ]
아!

우리말의 "아!"가 놀람, 깨달음, 탄식, 짜증 등 다양한 감정을 담아낼 수 있듯, 독일어 "Ach!"도 마찬가지랍니다. 다양한 톤과 뉘앙스로 표현해 보세요.

14

Ach so! [아ㅋㅎ 소(z)]
아, 그런 거였군요!

내가 몰랐던 내용, 혹은 틀리게 알고 있던 내용에 대해 설명을 들었을 때 "아~" 하고 감탄하는 표현입니다. 이런 상황이 아닐 때 쓰면 다소 어색하게 들릴 수 있어요.

15

Oha! [오하]
오, 이런!

난감한 상황이나 예기치 못한 일이 벌어졌을 때 저절로 튀어나올 법한 표현입니다. 호들갑 떨지 않으면서도 곤란함을 한껏 드러낼 수 있는 감탄사예요.

(Oh) Mein Gott! [오 마인 곧트]
Oh my God!

딱 봐도 어떤 상황에서 쓰면 좋을지 알겠죠? 느낌을 살리려면 Gott을 가장 강조해서 표현해 줍니다.

16

Mensch! [멘쉬]
아이고!

Mensch는 '인간'이라는 뜻인데요. 이걸 감탄사로 쓰면 "아이고!" 또는 "인간아!"가 된답니다.

17

Aua! [아우아]
아야!

독일에서는 "아야!"를 "Aua!"라고 표현해요. 한국어와 꽤 비슷하죠?

18

Scheiße! [샤이쎄]
젠장!

독일에서 가장 많이 쓰이는 비속어 겸 감탄사예요. 영어의 "Shit!"과 거의 같은 의미라고 보시면 됩니다. 상황과 장소에 맞게 조심해서 쓰세요!

19

Ach du Scheiße! [아ㅋㅎ 두 샤이쎄]
아 이런 젠장!

"Scheiße!"의 확장판이라고 볼 수 있는데요. 저는 여기에 'du(너)'라는 단어가 들어 있어 '나한테 욕하는 건가?'라고 오해한 적이 있는데, 그냥 혼잣말이더라고요.

20

21

Quatsch! [크밭(v)ㅊ]

말도 안 돼!

상대방이 터무니 없는 생각이나 걱정을 할 때, 또는 정말로 말도 안 되는 이야기를 할 때 "Quatsch!"라고 합니다. "에이, 말도 안 되는 소리!" 정도의 의미예요.

22

Genau. [겐나우]

그래요.

아마 독일어에서 가장 많이 쓰이는 맞장구 표현 중 하나일 거예요. 말하는 사람에 따라 [ㄱ나우] 정도로 발음하기도 해요. genau는 '정확하다'라는 의미의 단어랍니다.

23

(Das) Stimmt! [다스 슈팀트]

맞아요!

"Genau."와 더불어 많이 쓰이는 맞장구 표현인데요. 빈말을 잘 하지 않는 독일인들답게 상대방의 말이 정말로 맞다고 생각할 때만 이렇게 말한답니다.

24

Sicher? [지(z)햐]

확실해?

상대방의 말이나 행동이 뭔가 미덥지 못할 때, 혹은 "정말 괜찮겠어?" 하고 확인하는 의미로 쓰는 표현입니다. 다소 따지는 듯한 느낌이 들 수도 있어요.

25

Aber sicher! [아-바 지(z)햐]

확실하고 말고!

상대가 "Sicher?" 하고 물어 올 때 확신을 가득 담아 이렇게 대답하면 되겠죠?

Wirklich? [븨(v)어클리히]

26

정말?

'실제로, 진짜' 라는 의미의 wirklich는 맞장구 칠 때 쓰면 한국어의 "정말?"과 같은 기능을 해요.

Echt? [에ㅎ트]

27

진짜?

"Wirklich?"와 거의 비슷하지만 살짝 더 놀라는 듯한 느낌이에요.

Ebenso! [에-븐조(z)]

28

마찬가지로요!

상대방이 9번 문장처럼 "Schönen Tag!"이라고 했을 때, 마찬가지로 좋은 하루 보내라는 의미로 "Ebenso!"라고 답하면 됩니다.

Gleichfalls! [글라이ㅎ팔(f)ㅅ]

29

마찬가지로요!

"Ebenso!"와 거의 같은 의미로, 역시 많이 쓰이는 표현입니다. 두 표현을 합친 것같은 "Ebenfalls! [에-븐팔(f)ㅅ]"도 같은 의미예요.

Alles klar. [알레ㅅ 클라-]

30

알겠습니다.

직역하면 "모든 것(alles)이 분명하고 순조롭다(klar)"는 의미로, 상대방의 말을 잘 이해했고 그대로 진행하겠다는 대답입니다.

의사 표현

bonus4.mp3

31

Sehr schön! [제(z)아 쇼ㅣ-ㄴ]
아주 좋아요!

뭔가가 아주 마음에 들 때 이렇게 말해 보세요. 비슷한 표현으로 "Sehr gut! [제(z)아 구一ㅌ]"도 있답니다.

32

Super! [주(z)-파]
최고예요!

전통적인 표현은 아니지만 뭔가가 아주 훌륭하고 좋다는 의미로 널리 쓰여요. 영어 단어 super와 모양은 같지만 발음이 다른 것에 주의하세요.

33

Voll cool! [폴(v) 쿠-ㄹ]
완전 멋진데!

영어에서 넘어온 cool에 '완전하다, 꽉 차다'라는 의미의 독일어 voll을 더해 준 것으로, 뭔가가 아주 멋지고 내 마음에 들 때 이렇게 표현해요.

34

Egal. [에가-ㄹ]
상관 없어.

의사 표현 확실한 독일인들이 생각보다 많이 쓰는 표현이에요. 이렇든 저렇든 상관 없다는 뜻입니다.

35

Scheißegal. [샤이ㅆ에가-ㄹ]
전혀 상관 없어.

그냥 "Egal." 할 때보다 의미가 훨씬 강조된 표현입니다. 비속어 Scheiße가 들어가 있으므로 주의해서 사용해야겠죠?

36

Solala. [조(z)라라]

그냥 그래.

영어의 "So so."에 해당하는 표현으로, "그냥 그저 그래"라는 의미입니다.

37

Vielleicht. [필(v)라이ㅎ트]

아마도.

어떤 질문에 대해 긍정도 부정도 하기 싫을 때 "Vielleicht."라고 말해 보세요.

38

Keine Ahnung. [카이네 아-눙]

모르겠어.

Ahnung은 '예감, 추측'이라는 뜻을 가지고 있어요. 추측조차 안 될 정도로 아예 모르 겠다는 의미입니다.

39

Na ja. [나- 야]

뭐, 그래.

톤과 뉘앙스에 따라 다양한 의미를 내포하는 표현이에요. 끝을 내려서 "Na ja.(↘)" 라고 하면 체념하거나 화제를 전환하는 느낌을 줍니다.

40

Schade. [샤-데]

아쉽게 됐네.

아쉬움, 섭섭함, 안타까움, 유감 등 다양한 감정을 나타낼 수 있는 표현입니다.

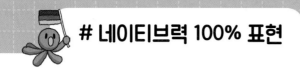
🎧 bonus5.mp3

41

Stimmt so. [슈팀트 조(z)]

잔돈은 됐어요.

직역하면 '그대로(so) 맞다(stimmt).'라는 문장입니다. 예를 들어, 음식 값이 27유로 인데 30유로를 내면서 "Stimmt so."라고 하면 3유로를 팁으로 주는 셈입니다.

42

Nach dir. [나ㅋㅎ 디아]

먼저 가.

어딘가에 입장하거나 좁은 길을 지날 때 상대에게 먼저 가라고 양보하는 표현입니다.

43

Nach Ihnen. [나ㅋㅎ 이-넨]

먼저 가세요.

42번 문장과 의미는 같지만, 전혀 모르는 사람이나 격식을 차려야 하는 상대에게는 이렇게 표현합니다.

44

Schau mal! [샤우 마-ㄹ]

이것 좀 봐!

뭔가가 너무 예쁘고 신기해서 상대에게 꼭 보여주고 싶을 때, "Schau mal!" 이라고 해요.

45

Guck mal! [쿡ㅋ 마-ㄹ]

이것 좀 봐!

"Schau mal!"과 뜻은 같지만 약간 더 캐주얼합니다. Guck이 원래 발음 규칙과 약 간 다르게 소리나는 것에 유의하세요.

Achtung, heiß! [아ㅋㅎ퉁, 하이씨]

46

뜨거우니 조심하세요!

카페 등에서 주의 문구로도 많이 쓰이고, 다른 사람에게 뜨거운 뭔가를 건네줄 때도 자주 쓰는 표현입니다.

Achtung, kalt! [아ㅋㅎ퉁, 칼트]

47

차가우니 조심하세요!

46번 문장에 heiß(뜨겁다) 대신 kalt(차갑다)를 넣은 표현입니다.

Was denn? [바(v)ㅅ 덴]

48

뭔데 그래?

'무엇'이라는 의문사 was에 '대체'라는 의미의 단어 denn을 붙여 "도대체 뭔데 그래?" 하고 캐묻는 듯 합니다.

Wieso denn? [비(v)-조(z) 덴]

49

어째서 그러는데?

어떤 것이 그렇게 된 이유를 묻는 표현으로, 억양에 따라 따지는 듯한 느낌이 들기도 해요.

Warum nicht? [바(v)룸 니ㅎ트]

50

왜 안 돼? / 안 될 게 뭐야?

영어의 "Why not?"에 해당하는 표현입니다. 문장 그대로 "왜(warum) 안 돼 (nicht)?"냐고 뭔가가 안 되는 이유를 묻거나, "그까짓 거 안 될 게 뭐야?"라는 의미 로도 씁니다.

에밀리의
10시간
독일어
첫걸음